Gebrüder Stumm

Profil-Zeichnungen

Gebrüder Stumm

Profil-Zeichnungen

ISBN/EAN: 9783743430402

Hergestellt in Europa, USA, Kanada, Australien, Japan

Cover: Foto ©Thomas Meinert / pixelio.de

Manufactured and distributed by brebook publishing software (www.brebook.com)

Gebrüder Stumm

Profil-Zeichnungen

PROFIL-ZEICHNUNGEN

Neunkircher Eisenwerk

Neunkirchen
(Reg.-Bez. Trier)

AUSGABE 1893

Strassburger Druckerei u. Verlagsanstalt.

GEBRÜD

NEUNKIRCHER EISENV

Erläuterungen und allgemeine Verkauf

1) Die Preisliste bezieht sich nur auf diejenigen Profile, welche in dem Pr
2) Die bezeichneten Gewichte sind annähernde mit einem Spielraum von 6¹ eine besondere Auswalzung gestatten, kann eine grössere Genauigkeit de
3) **Die Normallängen**, d. h. die Längen, welche keinen Preiszuschlag l Eisen bis einschliesslich 8 Meter.
   Die Maximallängen, d. h. die Längen, bis zu welchen die Stal profile Nr. 37, 38, 39, 41, 42 auf Blatt II und III — 14 Meter, bei den [
   Die Zwischenprofile werden nur in solchen Längen ausgeführt(länge zulässt.
   Stäbe, welche die grösste Normallänge übersteigen, bedingen die
   Die Preise für grössere Längen, als die vorstehend angegebenen die besonders aufgeführten Ueberpreise.
4) Die I-Eisen sind in Längen von 4 bis 10 Meter meistens vorräthig. Die mit 25 Centimeter, mit einem Spielraum von 50 Millimeter abgestuft und
5) Die in der Preisliste enthaltenen Preisansätze beziehen sich nur auf Stä
   Werden Stäbe auf **fixe Länge** verlangt, so erhöhen sich die Pr minus 10 Millimeter können wir bei der Verschiedenheit der geaichten M
   Gefraiste Stäbe kosten 10 Mark per 1000 Kgr. mehr.
6) Die im Profilheft eingeschriebenen Maasse werden möglichst genau einge geringfügige Abweichungen nicht zu Ausstellungen.
7) Für alle Formeisen, bei welchen besondere Qualitätsbedingungen vorges bleiben besondere Preisvereinbarungen vorbehalten.
8) **Auf sämmtlichen Profilen ist unsere Firma mit Fabrikzeichen u**
9) Sämmtliche Preisangaben beziehen sich auf die Tonne = 1000 Kgr. frei dem Wohnorte des Bestellers und an seine Adresse. Sendungen nach and Die Preisangaben sind in der Preisliste durch den jeweiligen Gr
10) Die Fakturen sind zahlbar hierselbst, drei Monate nach deren Ausstellun bei Baarzahlung innerhalb 14 Tagen 1½% Sconto bewilligt und bei Baa
11) Wechsel von weniger als 14 Tagen Laufzeit werden nicht angenomme kann verweigert werden; bei Annahme derselben fallen alle darauf e rechtzeitige Vorzeigung oder für Protest übernommen.
12) In allen Fällen, in welchen bei der Bestellung keine ganz bestimmten W **irgend eine Verantwortlichkeit unserseits für billigste Verfrachtun**
13) Betriebsstörungen, worunter auch Rohmaterialmangel in Folge von Stock machung und Krieg, sowie Arbeiterausstände und Wagenmangel entbind
   Reclamationen, welche nicht innerhalb 8 Tagen nach Er

STUMM
RK BEI SAARBRÜCKEN.

ıgungen für I-, C- und Belag-Eisen.

t von 1893 dargestellt sind.
: oder weniger; bei grösseren Bestellungen eines und desselben Profils, welche
ebts vereinbart werden.

n. reichen bei I-Eisen bis einschliesslich 12 Meter, bei den C- und Belag-

er Regel geliefert werden, sind bei I-Eisen — mit Ausnahme der Zwischen-
Belag-Eisen 12 Meter.
s das Gewicht des entsprechenden Lagerprofils (Nr. 36 bezw. 40) in Maximal-

Preisliste angegebenen Preiszuschläge für Mehrlänge.
allängen, sind besonders zu vereinbaren. **Längen unter 4 Meter** bedingen

gen sind zwischen 4 bis 9 Meter mit 20 Centimeter, zwischen 9 bis 10 Meter
ı **Magazinlängen.**
agazinlängen.

5 **Mark per 1000 Kgr.** Einen grösseren Grad der Genauigkeit, als plus oder
be. namentlich bei grossen Längen, nicht garantiren.

Jedoch berechtigen etwaige durch längeren Gebrauch der Walzen entstehende

ı sind, und welche einer speziellen Abnahme unterworfen werden sollen,

Profilnummer eingewalzt.
n Neunkirchen für direkte Sendungen in vollen 10000 Kgr.-Ladungen nach
rten oder an Dritte unterliegen besonderer Preisvereinbarung.
is und durch **Scalazuschläge** zu letzterm ausgedrückt.
späterer Zahlung werden Zinsen zu 5 $^0/_0$ p. a. berechnet, dahingegen werden
ıg nach 14 Tagen 6 $^0/_0$ p. a. bis zum Verfalltage vergütet.
Annahme von Wechseln unter 150 Mark, sowie von solchen auf Nebenplätze
enden Kosten dem Remittenten zur Last und es wird keine Verpflichtung für

n für den Versand gegeben sind, wird derselbe nach bestem Ermessen **ohne**
.t.
in der regelmässigen Anlieferung der contrahirten Quantitäten gehört, Mobil-
der Einhaltung der vereinbarten Lieferzeiten.
: der Waare erfolgen, können keine Berücksichtigung finden.

GEBRÜD

NEUNKIRCHER EISENW

GENERAL CON

1) The prices refer to the sections shown in our profil-album.
2) The weights per meter running therein given are only approximate an permitting a special rolling, the weight can be adhered to with greater p
3) The normal length without any extra charge is 12 meters for I joists an
   The maximum length is 14 meters for I joists and 12 meters for
   Bars ordered over the normal length are charged with the extra p
   Bars ordered beyond the maximum length are subject to a spe
   especially mentioned in our list.
4) I iron is mostly kept in stock at our works in lengths from 4 to 12 me
   12 meters from 2½ to 25 cm, with a latitude of 50 mm.
5) Our prices are only understood for stock lengths.
   Bars ordered to **exact length** are charged with 5 shillings per ton u
   The joists which are ordered with **ends planed**, are charged with :
6) The measures mentioned in our album will be observed most exactly, justify any reclamation.
7) All bar-iron with special conditions for quality will be charged with extr
8) All our manufactures bear our mark „ Gebr. Stumm " with number of sec
9) The prices are understood per 1000 kilogrammes delivered free on truck
10) If no special terms are arranged, the invoices are payable at Neunkircher On payments made within 15 days we allow 1½% discount. After th between the date of remittance and the due date.
11) We do not accept bills having less than 15 days to run, and we rese having no bank. The expences of collecting and others resulting from the
12) In all cases where ordres do not prescribe the exact way of forwardin **without howewer incurring any liability.**
13) Strikes and accidents causing the stoppage of our mills, mobilisation or

STUMM

RK BEI SAARBRÜCKEN.

TIONS OF SALE.

a latitude of 6 % more or less; but for large orders of one single section,

ters for all other sections.
her sections.
mentioned in our list.
rrangement, and those under a length of 4 meters are charged with prices

lars from 4 to 9 meters vary from 20 to 20 cm in the length; those from 9 to

and such lengths are only guaranteed within $\pm$ 10 mm.
age per ton extra.
differences in the dimensions resulting from a frequent use of the rolls do not

ject to a special arrangement.
lled in.
inkirchen and indicated by a uniform basis price with extras as per list.
months from their date. Any delay will be charged with 5 % interest per year.
ay 6 % per year are granted, calculated on the number of days still to run

the right of accepting or refusing all drafts under £ 7½ or those on places
tation of such bills will be charged to the ceding party.
shall act to the best of our judgement in the interest of our correspondents,

discharge from keeping the times of delivery arranged.

GEBRÜD

NEUNKIRCHER EISENW

A. Anleitung zur Berechnung de

Bezeichnet man mit:
- P die zulässige Belastung oder Tragfähigkeit eines Trägers in Kilogramm;
- p die Tragfähigkeit eines Trägers, der bei gleichförmig vertheilter Belastung auf zwei, einen Meter von einander entfernten Stützpunkten frei aufliegt;
- k die Inanspruchnahme (Maximal-Biegungsspannung) des Eisens pro ☐-Mm. (Im Nachstehenden gleich 6, 8, 10 und $13^{1}/_{3}$ Kg. pro ☐-Mm. angenommen, entsprechend einer ungefähr 6, 4,5, 3,6 und 2,7fachen Sicherheit gegen Bruch bei Schweisseisen und einer 6,7, 5, 4 und 3fachen Sicherheit bei Flusseisen);
- W das Widerstands-Moment des Profils, bezogen auf Centimeter;
- L die freitragende Länge des Trägers oder die Entfernung der Auflagerpunkte in Metern;
- d die Durchbiegung des Trägers in Millimetern unter einer Belastung p und einer Entfernung der Auflagerpunkte von 1 Meter;
- D die Durchbiegung des Trägers in Millimetern unter einer Belastung P bei L Meter Entfernung der Auflagerpunkte.

so erhält man, wenn man das Eigengewicht des Trägers vernachlässigt:

Fall 1. Für einen Träger, der bei gleichförmig vertheilter Belastung frei und horizontal auf 2 Stützpunkten aufliegt:

$$p = 8 \, K \, W$$

die Tragfähigkeit des Trägers bei L Meter Entfernung der Stützpunkte wird dann:

$$P = \frac{p}{L}$$

und die Durchbiegung:

$$d = \frac{50 \, P}{8 \, E \, T} \times \frac{100^3}{48} = \text{annähernd} \; \frac{0{,}0651 \, P}{T}$$

wobei E = 2,000,000 den Elasticitätsmodul und T das Trägheitsmoment des Profils bezogen auf Centimeter bezeichnet, woraus sich dann bei L Meter Spannweite und bei P Kilogramm Belastung die Gesammt-Durchbiegung des Trägers in Millimetern,

$$D = d \times L^3$$

ergibt. Für diesen Fall 1 ist im Nachstehenden eine Tabelle berechnet, welche die Tragfähigkeit sämmtlicher im Profilheft enthaltenen ⏉-Profile bis zu 12 Meter freier Auflage für 3 verschiedene Sicherheitsgrade direct angibt. Für alle anderen Fälle lassen sich Tragfähigkeit und Durchbiegung aus den in der Tabelle ebenfalls enthaltenen Werthen von p und d mit Leichtigkeit berechnen; es dienen hierzu folgende Formeln:

Fall 2. Ist der Träger statt gleichmässig nur in der Mitte belastet, so ist seine Tragfähigkeit nur halb so gross, also:

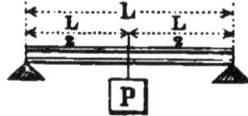

$$P = \frac{p}{2 \, L}$$

die Durchbiegung wird:

$$D = \frac{4}{5} \, d \, L^3.$$

STUMM

K BEI SAARBRÜCKEN.

agfähigkeit von I- und ⊏-Eisen.

Fall 3. Ist der Träger, statt frei aufzulegen, an beiden Enden fest eingespannt, so trägt er bei gleichmässig vertheilter Last um die Hälfte mehr:

$$P = \frac{3}{2} \times \frac{p}{L}$$

die Durchbiegung wird:

$$D = \frac{3}{10} \times d\,L^2.$$

Fall 4. Ist der Träger, statt frei aufzulegen, an beiden Enden fest eingespannt und in der Mitte belastet, so trägt er so viel als im Fall 1:

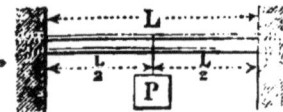

$$P = \frac{p}{L}$$

die Durchbiegung wird:

$$D = \frac{2}{5} \times d\,L^2.$$

Fall 5. Ist der Träger nur an einem Ende fest eingespannt und gleichmässig belastet, so ist die Tragfähigkeit nur ¼ von der im Fall 1:

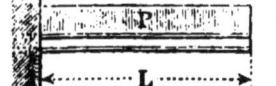

$$P = \frac{1}{4} \times \frac{p}{L}$$

die Durchbiegung wird:

$$D = \frac{12}{5} \times d\,L^2.$$

Fall 6. Ist der Träger an einem Ende fest eingespannt, am anderen freien Ende belastet, so trägt er nur ⅛ von dem im Falle 1:

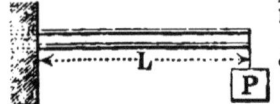

$$P = \frac{1}{8} \times \frac{p}{L}$$

die Durchbiegung wird:

$$D = \frac{16}{5} \times d\,L^2.$$

Fall 7. Ist der Träger an einem Ende fest eingespannt und liegt am andern frei auf, so ist bei gleichmässig vertheilter Belastung die Tragfähigkeit gleich der im Falle 1:

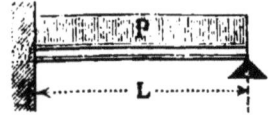

$$P = \frac{p}{L}$$

die Durchbiegung wird:

$$D = \frac{2}{5} \times d\,L^2.$$

Fall 8. Ist der Träger an einem Ende fest eingespannt und liegt am andern frei auf, so trägt er, wenn die Last in der Mitte angreift, ⅔ von dem im Falle 1:

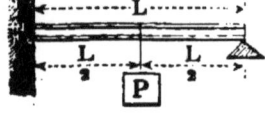

$$P = \frac{2}{3} \times \frac{p}{L}$$

die Durchbiegung wird:

$$D = \frac{7}{10} \times d\,L^2.$$

Fall 9. Liegt der Träger frei auf und wirkt die Last an irgend einem Punkte in der Entfernung a und b von den Stützpunkten, so ist die Tragfähigkeit:

$$P = \frac{pL}{8ab}$$

die Durchbiegung wird:

$$D = \frac{16}{5} a b d$$

Fall 10. Ist der Träger an beiden Enden fest eingespannt und wirkt die Last an irgend einem Punkte in der Entfernung a und b von den Stützpunkten, so ist die Tragfähigkeit:

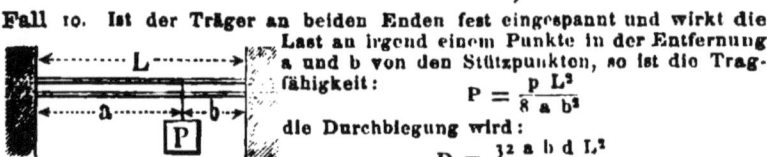

$$P = \frac{p L^3}{8 a b^2}$$

die Durchbiegung wird:

$$D = \frac{32\, a\, b\, d\, L^2}{5\, (a + 3b)^2}$$

B. Anleitung zur Benutzung der Tab

Die Tabellen enthalten in den 5 ersten Vertikalreihen die Querschnittsabmessungen, Gewichte, Trägheits- und Widerstands-Momente der Träger, in der sechsten Reihe die der Berechnung der Tragfähigkeiten zu Grunde liegenden Maximal-Biegungsspannungen pro ☐-Mm., nämlich:

k = 6   8   10   13 $^1/_3$ Kg. pro ☐-Mm., entsprechend einer ungefähr
    6   4,5   3,6   2,7 fachen Sicherheit gegen Bruch bei Schweisseisen
6,7   5   4   3   „   „   „   „   Flusseisen.

Die Wahl des kleinsten Werthes von k (6 Kg.) ist dann angezeigt, wenn wegen der Durchbiegung nicht höher belastet werden kann; diejenige des grössten Werthes von k (13 $^1/_3$) ist bei Flusseisenträgern zulässig, wenn die Durchbiegung nicht zu gross wird und die Belastung eine ruhige ist.

Die zwei folgenden Vertikalreihen geben unter p die den 4 Sicherheitsgraden entsprechende zulässige Belastung des Trägers in Kilogramm, für den Fall, dass die Stützpunkte 1 Meter von einander entfernt sind; dann unter d die hierdurch hervorgerufene Durchbiegung des Trägers in Millimetern. Aus p erhält man durch Division mit der Meterzahl der freitragenden Länge des Trägers seine zulässige Belastung oder seine Tragfähigkeit in Kilogramm; dieselbe ist in den weiteren Vertikal-Colonnen für 2 bis 12 Meter Spannweite ausgerechnet.

Die von einer gewissen Belastung verursachte Durchbiegung D erhält man, wenn man den zugehörigen Werth von d mit dem Quadrat der Länge L multiplicirt. Ist die Art der Belastung eine andere, als die für die Berechnung der Tabelle zu Grunde gelegte, so sind die Werthe der zulässigen Belastung und Durchbiegung nach den im Vorstehenden gegebenen Regeln zu corrigiren.

Erstes Beispiel: Gesucht wird ein Träger, der auf zwei 5,5 Meter von einander entfernten Stützpunkten frei aufliegt und eine gleichmässig vertheilte Last von 1300 Kg. mit 8 Kg. Maximal-Biegungsspannung pro ☐-Mm. trägt.

Man findet in der Vertikalreihe für L = 5,5 Meter, dass bei k = 8 Kg. die Horizontalreihe von Profil Nr. 9 den der verlangten Tragfähigkeit am nächsten stehenden Werth, nämlich 1369 Kg. enthält, dass also Profil Nr. 9 das Gesuchte ist. Die grösste Durchbiegung des Trägers wird:

D = d L² = 0,556 × 5,5 × 5,5 = 16,8 Mm.

Für die ⊏-Profile von 100 Mm. Höhe und darüber sind im Profilheft ebenfalls die Trägheits-Momente T und die Widerstands-Momente W angegeben, so dass man durch Einsetzen von W in die Formel:

$$p = 8 \, K \, W$$

die Tragfähigkeit des ⊏-Trägers:

$$P = \frac{p}{L}$$

erhält, wie sich auch durch Einsetzen des zugehörigen Werthes von T in die Formel:

$$d = \frac{50\,P}{8\,E\,T} \times \frac{100^3}{48} = \text{annähernd} \quad \frac{0{,}0651\,P}{T}$$

die Gesammt-Durchbiegung

$$D = d \, L^2$$

ergibt.

für die Tragfähigkeit der ⊥-Träger.

Zweites Beispiel: Ist aber dieser Träger, statt frei aufzuliegen, an beiden Enden fest eingespannt, so trägt er nach Fall 3 (s. oben) die Hälfte mehr, man hat also in der Tabelle ein Profil zu suchen, das bei 8 Kg. Maximal-Biegungsspannung nur:

$$\frac{2}{3} \times 1300 = 867 \ \text{Kg.}$$

zu tragen hat und findet das Profil Nr. 5 mit 886 Kg. diesem Falle entsprechend. Die Durchbiegung wird dann:

$$D = \frac{3}{10} \, d \, L^2 = \frac{3}{10} \times 0{,}667 \times (5{,}5)^2 = 6 \ \text{Mm.}$$

Drittes Beispiel: Ein Träger sei auf 2,0 Meter freitragend an einem Ende fest eingespannt und soll mit 800 Kg. bei 10 Kg. Maximal-Biegungsspannung gleichmässig belastet werden, welches ist das geeignete Profil?

Nach Fall 5 (s. oben) hat der auf diese Weise belastete Träger nur 1/4 der in der Tabelle angegebenen Tragfähigkeit, man sucht desshalb in der Vertikalreihe für L = 2,0 Meter einen Träger mit 4 × 800 = 3200 Kg. Tragfähigkeit und findet, dass Profil NP 14 den Anforderungen entspricht.

Die hierdurch veranlasste Durchbiegung wird:

$$D = \frac{12}{5} \, d \, L^2 = \frac{12}{5} \times 0{,}74 \times 2{,}0 \times 2{,}0 = 7 \ \text{Mm.}$$

Viertes Beispiel: Ist dieser Träger statt gleichmässig nur an dem freitragenden Ende belastet, so ist seine Tragfähigkeit nach Fall 6 (s. oben) blos 1/8 von der, welche die Tabelle angibt, d. h. es muss in der Tabelle ein Träger für die 8fache Belastung = 8 × 800 = 6400 Kg. gesucht werden. Man findet, dass sich Profil NP 18 hierzu eignet. Die Durchbiegung wird:

$$D = \frac{16}{5} \times d \, L^2 = \frac{16}{5} \times 0{,}578 \times 2{,}0 \times 2{,}0 = 7{,}3 \ \text{Mm.}$$

Tabelle für die Tragfähigkeit der ⊥-Träger bei 6, ...

No.	Profil Dimensionen	Gewicht pr. lfd. Mtr. Kg.	Querschnitt ☐cm Q.	Trägheits-Moment cm T.	Widerstands-Moment cm W.	Maximal-Biegungs-Spannung k pro qmm	Zulässige, gleichförmig vertheilte ... 1,00 Meter p. Kg.	d. Millim.	2,0 M. Kg.	2,5 M. Kg.	3,0 M. Kg.
5	6 / 125	14,5	18,8	476,1	76,2	6	3656	0,501	1828	1462	1219
						8	4875	0,667	2438	1950	1625
						10	6094	0,855	3047	2438	2031
						13⅓	8127	1,111	4063	3250	2709
9	7 / 150	18,5	24,0	882,4	117,7	6	5617	0,417	2824	2259	1882
						8	7530	0,556	3765	3012	2510
						10	9412	0,695	4706	3765	3137
						13⅓	12554	0,926	6277	5021	4184
13	8½ / 175	24,0	31,2	1441,1	164,7	6	7906	0,357	3953	3162	2635
						8	10541	0,476	5271	4216	3514
						10	13176	0,596	6588	5270	4392
						13⅓	17567	0,793	8783	7026	5855
17	9 / 200	29,5	38,4	2389,9	239,0	6	11471	0,312	5736	4588	3824
						8	15295	0,416	7648	6118	5098
						10	19119	0,520	9560	7648	6373
						13⅓	25492	0,694	12746	10196	8497
25	11 / 250	43,25	56,2	5363,0	429,0	6	20594	0,249	10297	8238	6865
						8	27459	0,332	13730	10984	9153
						10	34323	0,415	17162	13729	11441
						13⅓	45758	0,555	22879	18303	15252
36	10 / 250	49,0	66,0	6615,0	529,2	6	25402	0,249	12701	10161	8467
						8	33869	0,332	16935	13548	11290
						10	42336	0,415	21168	16934	14112
37	11 / 249	56,5	73,7	7344,8	587,3	6	28190	0,251	14095	11276	9397
						8	37587	0,335	18794	15035	12529
						10	46983	0,418	23492	18793	15661
38	12 / 247	66,5	86,3	8458,1	684,9	6	32871	0,253	16437	13150	10958
						8	43831	0,337	21916	17532	14610
						10	54789	0,422	27395	21916	18263
39	13½ / 245	79,5	103,5	9886,5	807,0	6	38738	0,256	19369	15495	12913
						8	51651	0,341	25826	20660	17217
						10	64564	0,426	32282	25826	21521
40	15 / 355	69,2	89,8	17050,8	960,6	6	46109	0,176	23055	18444	15370
						8	61479	0,235	30740	24592	20493
						10	76849	0,293	38425	30740	25616
41	14 / 353	75,7	98,3	18437,8	1044,6	6	50142	0,177	25071	20057	16714
						8	66856	0,236	33428	26712	22285
						10	83571	0,295	41785	33428	27857
42	16 / 350	89,8	116,6	21649,7	1237,1	6	59382	0,179	29691	23752	19794
						8	79176	0,238	39588	31670	26392
						10	98970	0,298	49485	39588	32990
55	10 / 235	33,0	43,0	3470,8	295,4	6	14179	0,271	7089	5671	4726
						8	18903	0,355	9452	7562	6301
						10	23632	0,443	11816	9452	7877
						13⅓	31508	0,599	15754	12603	10502

0 u. 13¹/₃ Kg. pro qmm Maximal-Biegungsspannung.

...tung in Kilogramm bei freier Auflage und einer Entfernung der Auflagepunkte von L =

1,0 M. Kg.	1,5 M. Kg.	5,0 M. Kg.	5,5 M. Kg.	6,0 M. Kg.	6,5 M. Kg.	7,0 M. Kg.	7,5 M. Kg.	8 M. Kg.	9 M. Kg.	10 M. Kg.	11 M. Kg.	12 M. Kg.
914	812	731	665	609	562	522	487	457	—	—	—	—
1219	1083	975	886	813	750	696	650	609	—	—	—	—
1524	1354	1219	1108	1016	938	871	813	762	—	—	—	—
2031	1806	1625	1477	1354	1250	1161	1083	1015	903	812	738	677
1412	1255	1129	1027	941	869	807	753	706	627	565	513	471
1883	1673	1506	1369	1255	1158	1076	1004	941	837	753	684	628
2353	2092	1882	1711	1569	1448	1345	1255	1177	1046	941	856	784
3138	2789	2510	2282	2092	1931	1793	1673	1569	1394	1255	1141	1046
1977	1757	1581	1437	1318	1216	1129	1054	988	878	791	719	659
2635	2342	2108	1917	1757	1622	1506	1405	1318	1171	1054	958	878
3294	2928	2635	2396	2196	2027	1882	1757	1647	1464	1318	1198	1098
4391	3903	3513	3194	2927	2702	2509	2342	2195	1951	1756	1597	1463
2868	2549	2294	2086	1912	1765	1639	1529	1433	1275	1147	1043	956
3824	3399	3059	2781	2549	2353	2185	2039	1912	1699	1530	1390	1275
4780	4249	3824	3476	3187	2941	2731	2549	2390	2124	1912	1738	1593
6373	5665	5098	4634	4248	3921	3641	3398	3186	2832	2549	2317	2124
5149	4576	4119	3744	3432	3168	2942	2746	2574	2288	2059	1872	1716
6865	6102	5492	4993	4577	4224	3923	3661	3432	3051	2746	2496	2288
8581	7627	6865	6241	5721	5280	4903	4576	4290	3814	3432	3120	2860
11439	10168	9151	8318	7626	7039	6556	6101	5719	5084	4575	4159	3813
6351	5645	5080	4619	4234	3905	3629	3387	3175	2822	2540	2309	2117
8467	7526	6774	6158	5645	5211	4838	4516	4234	3763	3387	3079	2822
10584	9408	8467	7697	7056	6513	6048	5645	5292	4704	4234	3849	3528
7046	6264	5638	5125	4698	4337	4027	3759	3524	3132	2819	2563	2349
9397	8355	7517	6834	6265	5783	5370	5012	4698	4176	3759	3417	3132
11746	10441	9397	8542	7851	7228	6712	6264	5873	5220	4698	4271	3915
8219	7305	6575	5977	5479	5058	4696	4383	4109	3653	3287	2989	2740
10958	9740	8766	7969	7305	6743	6262	5844	5479	4870	4383	3985	3653
13697	12175	10958	9962	9132	8429	7827	7305	6849	6088	5479	4981	4566
9685	8608	7748	7043	6456	5960	5534	5165	4842	4304	3874	3522	3228
12913	11478	10330	9391	8609	7946	7379	6887	6456	5739	5165	4696	4304
16141	14348	12913	11739	10761	9933	9223	8609	8071	7174	6456	5869	5380
11527	10246	9222	8383	7685	7094	6587	6148	5764	5123	4611	4192	3842
15370	13662	12296	11178	10247	9458	8783	8197	7685	6831	6148	5589	5123
19212	17078	15370	13973	12808	11823	10978	10247	9606	8539	7685	6986	6404
12535	11143	10028	9117	8357	7714	7163	6686	6268	5571	5014	4558	4178
16714	14857	13371	12155	11143	10286	9551	8914	8357	7428	6686	6078	5571
20893	18571	16714	15195	13928	12857	11939	11143	10446	9286	8357	7597	6964
14845	13196	11876	10797	9897	9136	8483	7917	7423	6598	5938	5398	4949
19794	17595	15835	14395	13196	12181	11311	10557	9897	8797	7918	7198	6598
24742	21993	19794	17995	16495	15226	14138	13196	12371	10997	9897	8997	8247
3544	3150	2835	2578	2363	2181	2025	1890	1772	1575	1417	1289	1181
4726	4201	3781	3437	3150	2908	2700	2520	2363	2100	1890	1718	1575
5908	5251	4726	4296	3938	3635	3376	3150	2954	2625	2363	2148	1969
7877	7001	6301	5728	5251	4847	4501	4201	3938	3500	3150	2864	2625

Deutsche N

Tabelle für die Tragfähigkeit der ⊥-Träger bei 6,

Profil		Gewicht pr. lfd. Mtr. Kg.	Querschnitt ☐cm Q.	Trägheits-Moment cm T.	Widerstands-Moment cm W.	Maximal Biegungs-Spannung p. qmm	Zulässige, gleichförmig vertheilte			
No. Dimensionen.							1,00 Meter p. Kg.	d. Millim.	2,0 M. Kg.	2,5 M. Kg.	3,0 M. Kg.
NP 8	3,9 / 80	6,0	7,61	78,4	19,6	6	940	0,780	470	376	313
						8	1254	1,041	627	501	418
						10	1568	1,302	784	627	522
						13 1/3	2090	1,735	1045	836	696
NP 9	4,2 / 90	7,1	9,05	118	26,2	6	1257	0,693	629	502	419
						8	1676	0,924	838	670	558
						10	2096	1,156	1048	838	698
						13 1/3	2794	1,540	1397	1117	931
NP 10	4,5 / 100	8,3	10,7	172	34,4	6	1651	0,625	825	660	550
						8	2202	0,834	1101	881	734
						10	2752	1,042	1376	1101	917
						13 1/3	3669	1,389	1734	1467	1223
NP 11	4,8 / 110	9,6	12,4	241	43,8	6	2102	0,568	1051	841	701
						8	2803	0,757	1401	1121	934
						10	3504	0,947	1752	1401	1168
						13 1/3	4672	1,262	2336	1868	1557
NP 12	5,1 / 120	11,1	14,3	331	55,1	6	2645	0,521	1322	1058	882
						8	3526	0,694	1763	1410	1175
						10	4408	0,868	2204	1763	1469
						13 1/3	5878	1,157	2939	2351	1959
NP 13	5,4 / 130	12,6	16,2	414	67,8	6	3254	0,481	1627	1302	1085
						8	4339	0,641	2169	1736	1446
						10	5424	0,801	2712	2169	1808
						13 1/3	7232	1,068	3616	2892	2410
NP 14	5,7 / 140	14,3	18,4	559	82,7	6	3970	0,446	1984	1588	1323
						8	5293	0,595	2646	2117	1764
						10	6616	0,744	3308	2646	2205
						13 1/3	8821	0,992	4410	3528	2910
NP 15	6,0 / 150	16,0	20,3	743	99	6	4752	0,416	2376	1901	1584
						8	6336	0,555	3168	2534	2112
						10	7920	0,694	3960	3168	2640
						13 1/3	10560	0,926	5280	4224	3520
NP 16	6,3 / 160	17,9	22,9	943	118	6	5664	0,390	2832	2266	1888
						8	7552	0,521	3776	3021	2517
						10	9440	0,651	4720	3776	3147
						13 1/3	12587	0,868	6293	5034	4195
NP 17	6,6 / 170	19,8	25,4	1177	139	6	6672	0,367	3336	2669	2224
						8	8896	0,490	4448	3558	2965
						10	11120	0,613	5560	4448	3707
						13 1/3	14827	0,817	7413	5930	4942

malprofile.

) u. 13¹/₃ Kg. pro qmm **Maximal-Biegungsspannung.**

ung in Kilogramm bei freier Auflage und einer Entfernung der Auflagepunkte von L =

4,0 M. Kg.	4,5 M. Kg.	5,0 M. Kg.	5,5 M. Kg.	6,0 M. Kg.	6,5 M. Kg.	7,0 M. Kg.	7,5 M. Kg.	8 M. Kg.	9 M. Kg.	10 M. Kg.	11 M. Kg.	12 M. Kg.
235	208	188	170	156	144	134	125	117	104	94	85	78
313	278	250	228	209	192	179	167	156	139	125	114	104
392	348	313	285	261	241	224	209	196	174	156	142	130
522	464	418	380	348	321	298	278	261	232	209	190	174
314	279	251	228	209	193	179	167	157	139	125	114	104
419	372	335	304	279	257	239	223	209	186	167	152	139
524	465	419	381	349	322	299	279	262	232	209	190	174
698	620	558	508	465	429	399	372	349	310	279	254	232
413	366	330	300	275	254	235	220	206	183	165	150	137
550	489	440	400	367	339	314	294	275	244	220	200	183
688	612	550	500	458	423	393	367	344	306	275	250	229
917	815	733	667	611	564	524	489	458	407	367	333	305
526	467	420	382	350	323	300	280	263	233	210	191	175
701	623	560	510	467	431	400	374	350	311	280	255	232
876	779	701	637	584	539	500	467	438	389	350	318	292
1168	1038	934	849	778	718	667	623	584	519	467	424	389
661	588	529	481	441	406	377	353	331	294	264	240	220
881	784	705	641	587	542	503	470	441	392	352	320	293
1102	979	882	801	734	678	629	588	551	489	441	400	367
1469	1306	1175	1068	979	904	839	783	734	653	587	534	489
814	723	651	592	542	501	464	434	407	361	325	296	271
1085	964	868	789	723	668	620	578	542	482	434	394	361
1356	1205	1085	986	904	834	775	723	678	602	542	493	452
1808	1607	1446	1315	1205	1112	1033	964	904	803	723	657	602
993	882	794	721	661	611	567	529	496	441	397	360	330
1323	1176	1059	962	882	814	756	706	661	588	529	481	441
1654	1470	1323	1203	1102	1018	945	882	827	735	661	601	551
2205	1960	1764	1603	1470	1357	1260	1176	1102	980	882	801	735
1188	1056	950	864	792	731	679	634	594	528	475	432	396
1584	1408	1267	1152	1056	975	905	845	792	704	633	576	528
1980	1760	1584	1440	1320	1218	1131	1056	990	880	792	720	660

Deutsche N

Tabelle für die Tragfähigkeit der ⊥-Träger bei 6,(

Profil		Gewicht pr. ld. Mtr. Kg.	Querschnitt ☐cm Q.	Trägheits-Moment cm T.	Widerstands-Moment cm W.	Maximal-Biegungs-Spannung λ pro qmm.	Zulässige, gleichförmig vertheilte				
No.	Dimensionen						1,00 Meter		2,0 M.	2,5 M.	3,0 M.
							P. Kg.	d. Millm.	Kg.	Kg.	Kg.
NP 18	6,9 / 180	21,9	28,0	1460	162	6	7776	0,347	3888	3110	2592
						8	10368	0,463	5184	4147	3456
						10	12960	0,578	6480	5184	4320
						13⅓	17280	0,772	8640	6912	5760
NP 19	7,2 / 190	24,0	30,7	1779	187	6	8976	0,329	4488	3590	2992
						8	11968	0,438	5984	4787	3989
						10	14960	0,548	7480	5984	4987
						13⅓	19947	0,731	9973	7978	6649
NP 20	7,5 / 200	26,2	33,7	2162	216	6	10368	0,312	5184	4147	3456
						8	13824	0,416	6912	5530	4608
						10	17280	0,521	8640	6912	5760
						13⅓	23040	0,694	11520	9216	7680
NP 21	7,8 / 210	28,5	36,6	2587	246	6	11808	0,298	5904	4723	3936
						8	15744	0,397	7872	6298	5248
						10	19680	0,496	9840	7872	6560
						13⅓	26240	0,661	13120	10496	8746
NP 22	8,1 / 220	31,0	39,8	3090	281	6	13488	0,284	6744	5395	4496
						8	17984	0,379	8992	7194	5995
						10	22480	0,473	11240	8992	7493
						13⅓	29973	0,631	11986	11989	9991
NP 23	8,4 / 230	33,5	42,9	3642	317	6	15216	0,272	7608	6086	5072
						8	20288	0,362	10144	8115	6763
						10	25360	0,453	12680	10144	8453
						13⅓	33813	0,603	16906	13525	11271
NP 24	8,7 / 240	36,2	46,4	4288	357	6	17136	0,260	8568	6854	5712
						8	22848	0,347	11424	9139	7616
						10	28560	0,434	14280	11424	9520
						13⅓	38080	0,578	19040	15232	12693
NP 26	9,4 / 260	41,9	53,7	5798	446	6	21408	0,240	10704	8563	7136
						8	28544	0,320	14272	11417	9515
						10	35680	0,401	17840	14272	11893
						13⅓	47570	0,534	23785	19028	15856
NP 28	10,1 / 280	47,9	61,4	7658	547	6	26256	0,223	13128	10502	8752
						8	35008	0,298	17504	14003	11669
						10	43760	0,372	21880	17504	14587
						13⅓	58343	0,495	29172	23337	19447
NP 30	10,8 / 300	54,1	69,4	9888	659	6	31632	0,208	15816	12653	10544
						8	42176	0,278	21088	16870	14058
						10	52720	0,347	26360	21088	17573
						13⅓	70288	0,462	35144	28115	23429

rmalprofile.

0 u. 13¹/₃ Kg. pro qmm Maximal-Biegungsspannung.

tung in Kilogramm bei freier Auflage und einer Entfernung der Auflagepunkte von L =

4,0 M. Kg.	4,5 M. Kg.	5,0 M. Kg.	5,5 M. Kg.	6,0 M. Kg.	6,5 M. Kg.	7,0 M. Kg.	7,5 M. Kg.	8 M. Kg.	9 M. Kg.	10 M. Kg.	11 M. Kg.	12 M. Kg.
1944	1728	1555	1413	1296	1196	1111	1037	972	864	777	707	648
2592	2304	2074	1885	1728	1595	1481	1382	1296	1152	1037	942	864
3240	2880	2592	2356	2160	1994	1851	1728	1620	1440	1296	1178	1080
4320	3840	3456	3141	2880	2658	2468	2304	2160	1920	1728	1570	1440
2244	1994	1795	1632	1496	1381	1282	1197	1122	997	897	816	748
2992	2660	2394	2176	1994	1841	1709	1596	1496	1330	1197	1088	997
3740	3324	2992	2720	2493	2301	2137	1995	1870	1662	1496	1360	1246
4986	4432	3989	3626	3324	3068	2849	2659	2493	2216	1994	1813	1662
2592	2304	2074	1885	1728	1595	1481	1382	1296	1152	1037	942	864
3456	3072	2765	2513	2304	2127	1975	1843	1728	1536	1382	1256	1152
4320	3840	3456	3142	2880	2658	2468	2304	2160	1920	1728	1571	1440
5760	5120	4608	4189	3840	3544	3291	3072	2880	2560	2304	2094	1920
2952	2624	2362	2147	1968	1817	1687	1574	1476	1312	1181	1073	984
3936	3498	3149	2862	2624	2422	2249	2099	1968	1749	1574	1431	1312
4920	4373	3936	3578	3280	3028	2811	2624	2460	2186	1968	1789	1640
6560	5831	5248	4770	4373	4036	3748	3498	3280	2915	2624	2385	2186
3372	2997	2698	2453	2248	2075	1926	1798	1686	1498	1349	1226	1124
4496	3996	3597	3270	2997	2766	2569	2398	2248	1998	1798	1635	1498
5620	4995	4496	4087	3746	3458	3211	2997	2810	2497	2248	2043	1873
7493	6660	5994	5449	4995	4611	4281	3996	3746	3330	2997	2724	2497
3804	3381	3043	2766	2536	2341	2173	2029	1902	1690	1521	1383	1268
5072	4508	4058	3688	3381	3121	2898	2705	2536	2254	2029	1844	1690
6340	5636	5072	4610	4226	3901	3623	3381	3170	2818	2536	2305	2113
8453	7514	6762	6147	5635	5202	4830	4508	4226	3757	3381	3073	2817
4284	3807	3427	3115	2856	2636	2448	2285	2142	1904	1713	1557	1428
5712	5077	4569	4154	3808	3515	3264	3046	2856	2538	2284	2077	1904
7140	6347	5712	5193	4760	4394	4080	3808	3570	3173	2856	2596	2380
9520	8462	7616	6923	6346	5858	5440	5077	4760	4231	3908	3461	3173
5352	4757	4282	3892	3568	3294	3058	2854	2676	2378	2141	1946	1784
7136	6343	5708	5190	4757	4391	4077	3806	3568	3171	2854	2595	2378
8920	7929	7136	6487	5946	5489	5097	4757	4460	3964	3568	3243	2973
11892	10571	9514	8649	7928	7318	6795	6342	5946	5285	4757	4324	3964
6564	5835	5251	4773	4376	4039	3751	3500	3282	2917	2625	2386	2188
8752	7779	7002	6364	5834	5385	5001	4668	4376	3889	3501	3182	2917
10940	9724	8752	7955	7293	6732	6251	5835	5470	4862	4376	3977	3646
14585	12965	11668	10607	9723	8976	8334	7779	7292	6482	5834	5303	4861
7908	7029	6326	5751	5272	4866	4519	4218	3954	3514	3163	2875	2636
10544	9372	8435	7668	7029	6488	6025	5623	5272	4686	4217	3834	3514
13180	11715	10544	9585	8786	8111	7531	7030	6590	5857	5272	4792	4393

Deutsche N

Tabelle für die Tragfähigkeit der I-Träger bei 6, {

Profil		Gewicht pr. lfd. Mtr. Kg.	Quer-schnitt ☐cm Q.	Träg-heits-Moment cm T.	Wider-stands-Moment cm W.	Maximal-Biegungs-Span-nung k pro qmm	Zulässige, gleichförmig vertheilte				
No.	Dimensionen.						1,00 Meter		2,0 M.	2,5 M.	3,0 M.
							p. Kg.	d. Millim.	Kg.	Kg.	Kg.
NP 32	11,5 / 320 / 131	61,0	78,2	12622	789	6	37872	0,195	18936	15148	12624
						8	50496	0,260	25248	20198	16832
						10	63120	0,325	31560	25248	21040
						13¹/₃	84154	0,434	42077	33661	28051
NP 34	12,2 / 340 / 137	68,0	87,2	15827	931	6	44688	0,183	22344	17875	14896
						8	59584	0,245	29792	23834	19861
						10	74480	0,306	37240	29792	24826
						13¹/₃	99300	0,408	49650	39720	33100
NP 36	13,0 / 360 / 145	76,1	97,5	19766	1098	6	52704	0,173	26352	21082	17568
						8	70272	0,231	35136	28109	23424
						10	87840	0,289	43920	35136	29280
						13¹/₃	117112	0,385	58556	46844	39037
NP 38	13,7 / 380 / 149	83,9	107,5	24208	1274	6	61152	0,164	30576	24461	20384
						8	81536	0,219	40768	32614	27178
						10	101920	0,274	50960	40768	33973
						13¹/₃	135884	0,365	67942	55353	45294
NP 40	14,4 / 400 / 155	92,3	118,3	29146	1472	6	70656	0,156	35328	28262	23552
						8	94208	0,208	47104	37683	31402
						10	117760	0,260	58880	47104	39253
						13¹/₃	157010	0,347	78505	62804	52336
NP 42½	15,3 / 425 / 163	103,7	133,0	37266	1754	6	84192	0,147	42096	33677	28064
						8	112256	0,195	56128	44902	37419
						10	140320	0,244	70160	56128	46773
NP 45	16,2 / 450 / 170	115,2	147,7	46204	2054	6	98592	0,138	49296	39437	32864
						8	131456	0,185	65728	52582	43819
						10	164320	0,231	82160	65728	54773
NP 47½	17,1 / 475 / 178	127,6	163,6	56912	2396	6	115008	0,131	57504	46003	38336
						8	153344	0,175	76672	61338	51115
						10	191680	0,219	95840	76672	63893
NP 50	18,0 / 500 / 185	140,5	180,2	69245	2770	6	132960	0,125	66480	53184	44320
						8	177280	0,166	88640	70912	59093
						10	221600	0,208	110800	88640	73866

rmalprofile.

0 u. 13⅓ Kg. pro qmm Maximal-Biegungsspannung.

tung in Kilogramm bei freier Auflage und einer Entfernung der Auflagepunkte von L =

1,0 M. Kg.	4,5 M. Kg.	5,0 M. Kg.	5,5 M. Kg.	6,0 M. Kg.	6,5 M. Kg.	7,0 M. Kg.	7,5 M. Kg.	8 M. Kg.	9 M. Kg.	10 M. Kg.	11 M. Kg.	12 M. Kg.
9468	8416	7574	6885	6312	5826	5410	5049	4734	4208	3787	3442	3156
12624	11221	10099	9180	8416	7768	7213	6732	6312	5610	5050	4590	4208
15780	14026	12624	11476	10520	9710	9017	8416	7890	7013	6312	5738	5260
21038	18700	16830	15300	14025	12946	12022	11220	10519	9355	8415	7650	7012
11172	9930	8937	8125	7448	6875	6384	5958	5586	4965	4469	4062	3724
14896	13241	11917	10833	9930	9166	8512	7944	7448	6620	5958	5416	4965
18620	16551	14896	13541	12413	11458	10640	9930	9310	8275	7448	6771	6206
24825	22066	19860	18054	16550	15276	14185	13240	12412	11033	9930	9027	8275
13176	11712	10541	9582	8784	8108	7529	7027	6588	5856	5270	4791	4392
17568	15616	14054	12776	11712	10811	10038	9369	8784	7808	7027	6388	5856
21960	19520	17568	15971	14640	13513	12548	11712	10980	9760	8784	7985	7320
29278	26024	23422	21293	19518	18017	16730	15613	14639	13012	11711	10646	9759
15288	13589	12230	11118	10192	9408	8736	8153	7644	6794	6115	5559	5096
20384	18119	16307	14824	13588	12544	11648	10871	10192	9059	8154	7412	6794
25480	22649	20384	18531	16986	15680	14560	13589	12740	11324	10192	9265	8493
33971	30196	27176	24706	22647	20905	19412	18117	16985	15098	13588	12353	11323
17664	15701	14131	12846	11776	10870	10095	9420	8832	7850	7065	6423	5888
23552	20935	18841	17128	15701	14493	13458	12561	11776	10467	9420	8561	7850
29440	26168	23552	21410	19626	18116	16822	15701	14720	13084	11776	10705	9813
39253	34890	31402	28546	26168	24154	22429	20934	19626	17445	15701	14273	13084
21048	18709	16838	15307	14032	12935	12027	11225	10524	9354	8419	7653	7016
28064	24948	22451	20410	18709	17270	16036	14967	14032	12472	11226	10205	9354
35080	31182	28064	25512	23386	21587	20045	18709	17450	15591	14032	12756	11693
24648	21909	19718	17926	16432	15168	14084	13146	12324	10954	9859	8963	8216
32864	29212	26291	23901	21908	20224	18779	17527	16432	14606	13145	11950	10954
41080	36516	32864	29876	27386	25280	23474	21910	20540	18257	16432	14938	13693
28752	25557	23002	20910	19166	17693	16428	15334	14376	12778	11501	10455	9585
38336	34076	30669	27881	25577	23591	21906	20445	19166	17038	15334	13940	12787
47920	42595	38336	34851	31946	29489	27382	25556	23960	21297	19168	17425	15973
33240	29546	26592	24174	22160	20455	18984	17728	16620	14773	13296	12087	11080
44320	39395	35456	32232	29546	27273	25325	23637	22160	19697	17728	16116	14773
55400	49244	44320	40291	36833	34092	31657	29546	27700	24622	22160	20145	18416

Blatt I.

GEBRÜD
NEUNKIRCHER EISEN

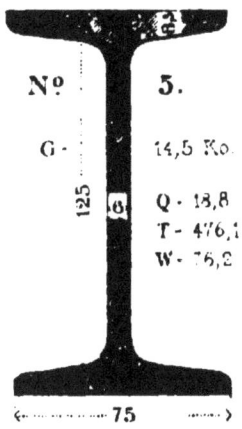

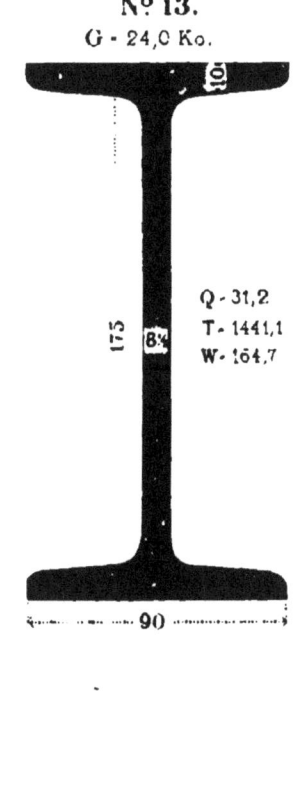

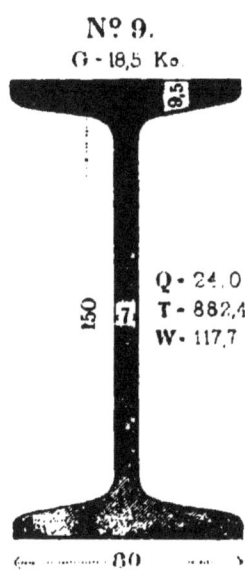

G - Gewicht pro laufenden Meter   T - Träg
Q - Querschnitt in ☐ cm.   W - Wide

R STUMM 1893.
RK BEI SAARBRÜCKEN

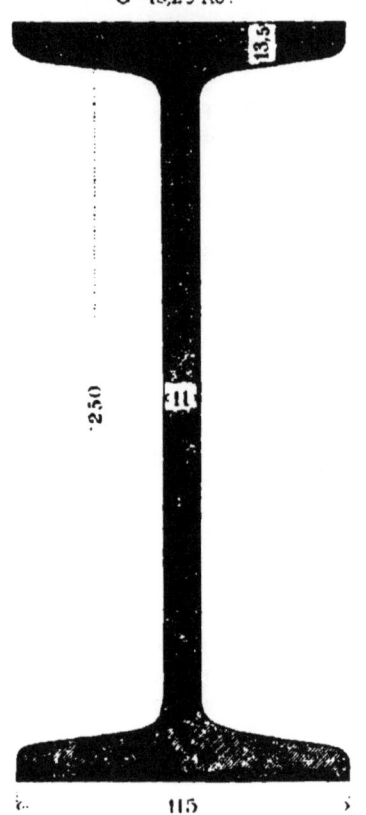

N° 17.
G - 29,5 Ko.

Q - 38,4
T - 2362,0
W - 230,0

N° 25
G - 43,25 Ko.

Q - 56,2
T - 5363,0
W - 429,0

Blatt II.

GEBRÜD
NEUNKIRCHER EISENW

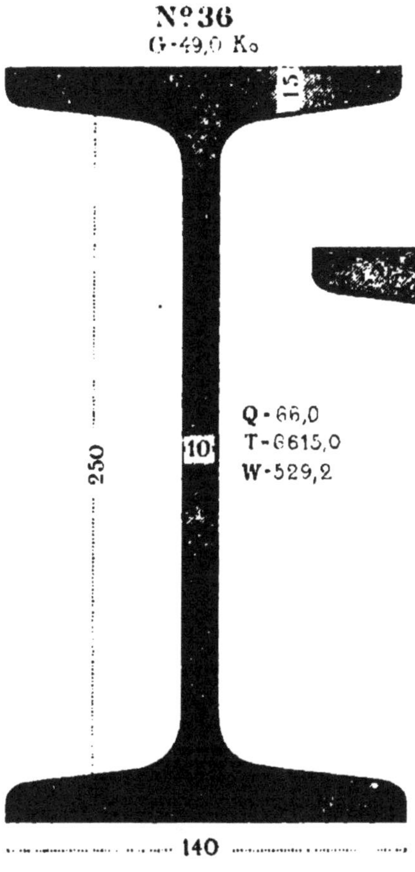

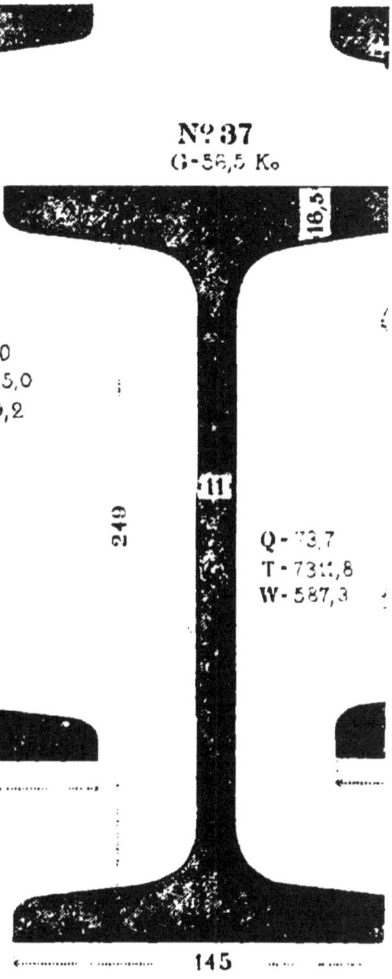

N° 36
G = 49,0 Ko

15
250
10
140

Q = 66,0
T = 6615,0
W = 529,2

N° 37
G = 56,5 Ko

16,5
249
11
145

Q = 73,7
T = 7311,8
W = 587,3

G - Gewicht pro laufenden Meter
Q - Querschnitt in ☐ cm.
T - Trägheitsmoment ⎫ bezogen auf
W - Widerstandsmoment ⎭ Centimeter.

⅛ nat

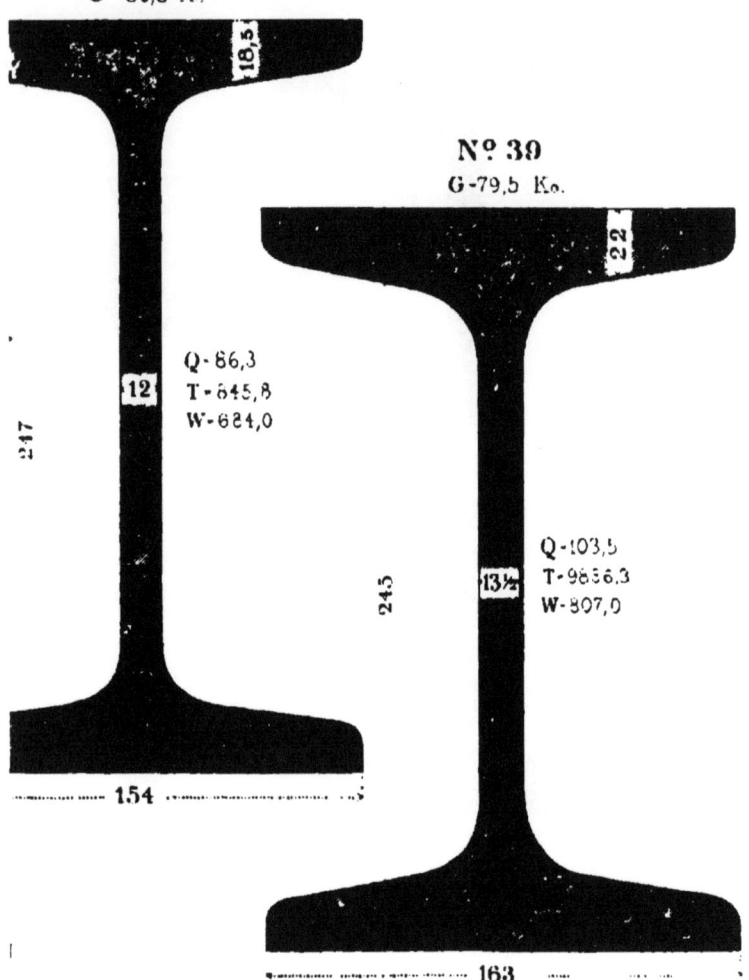

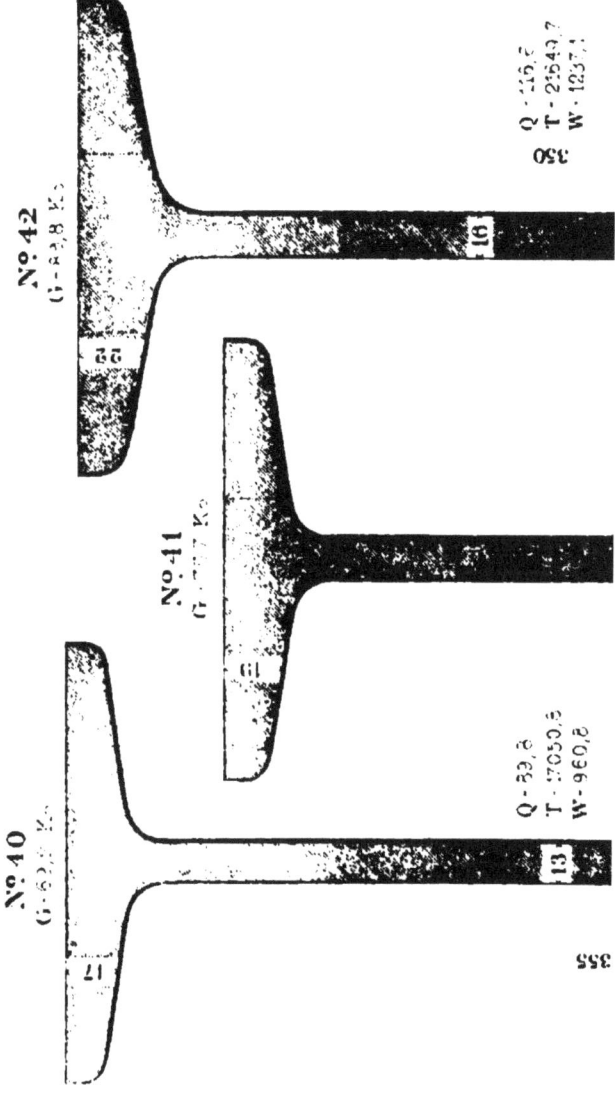

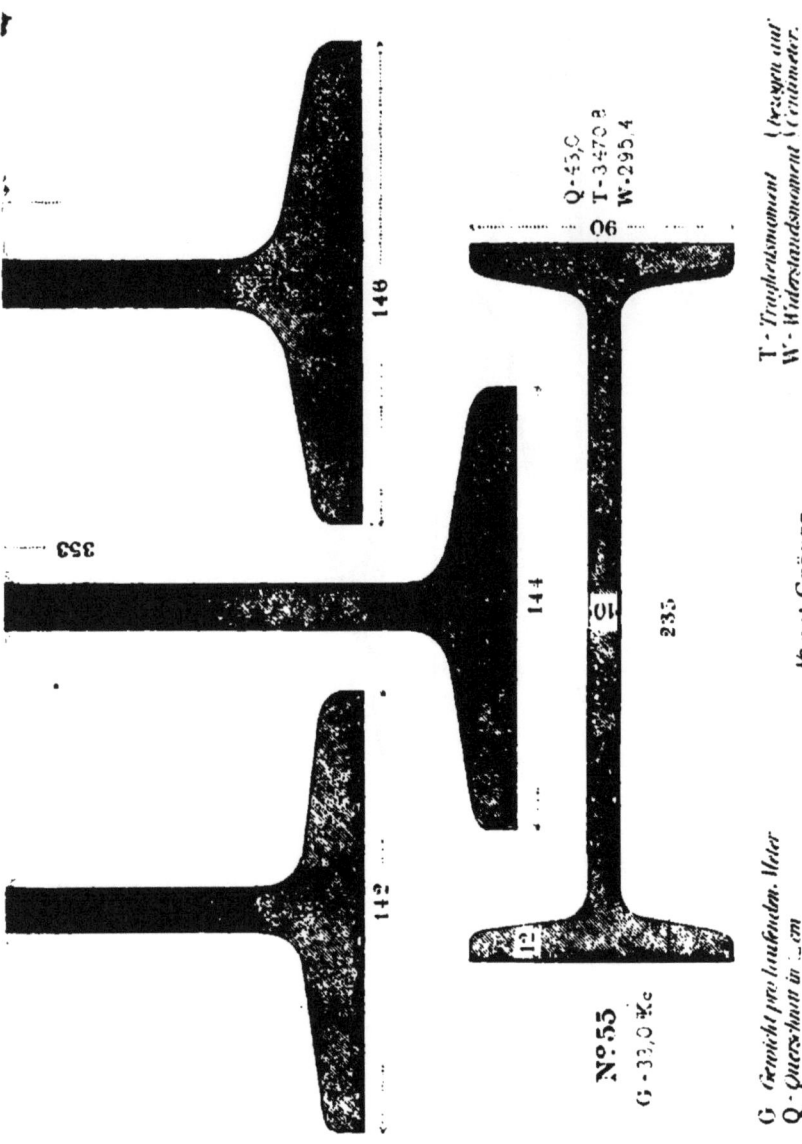

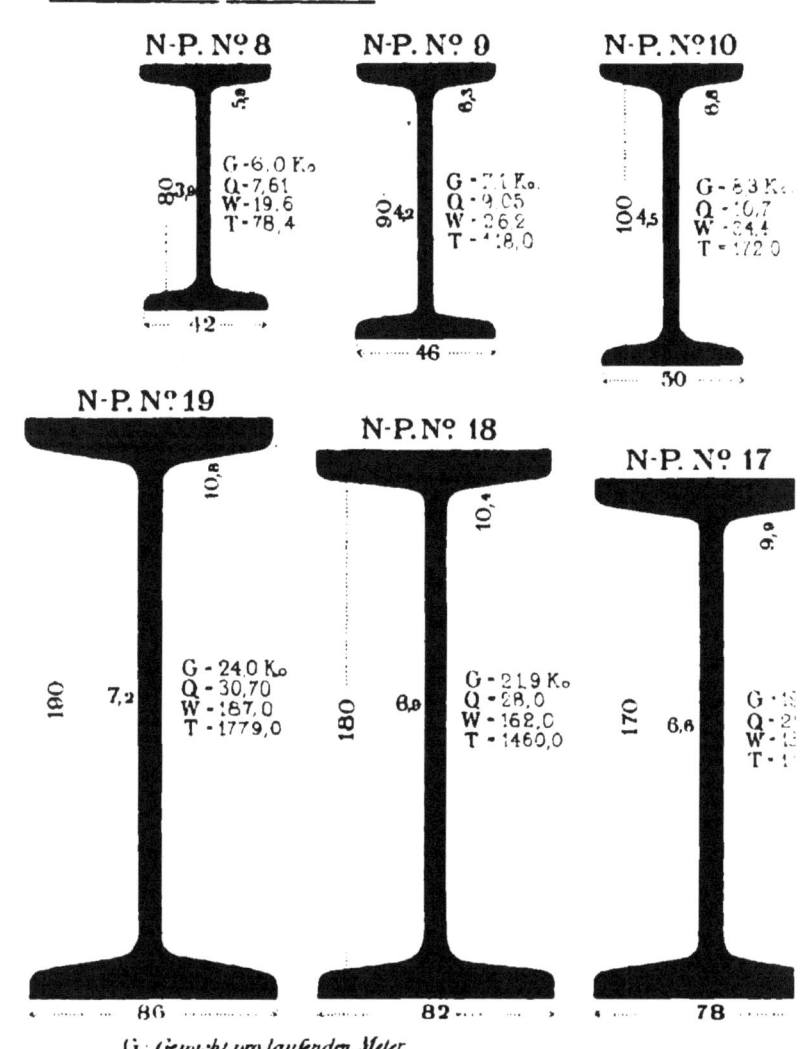

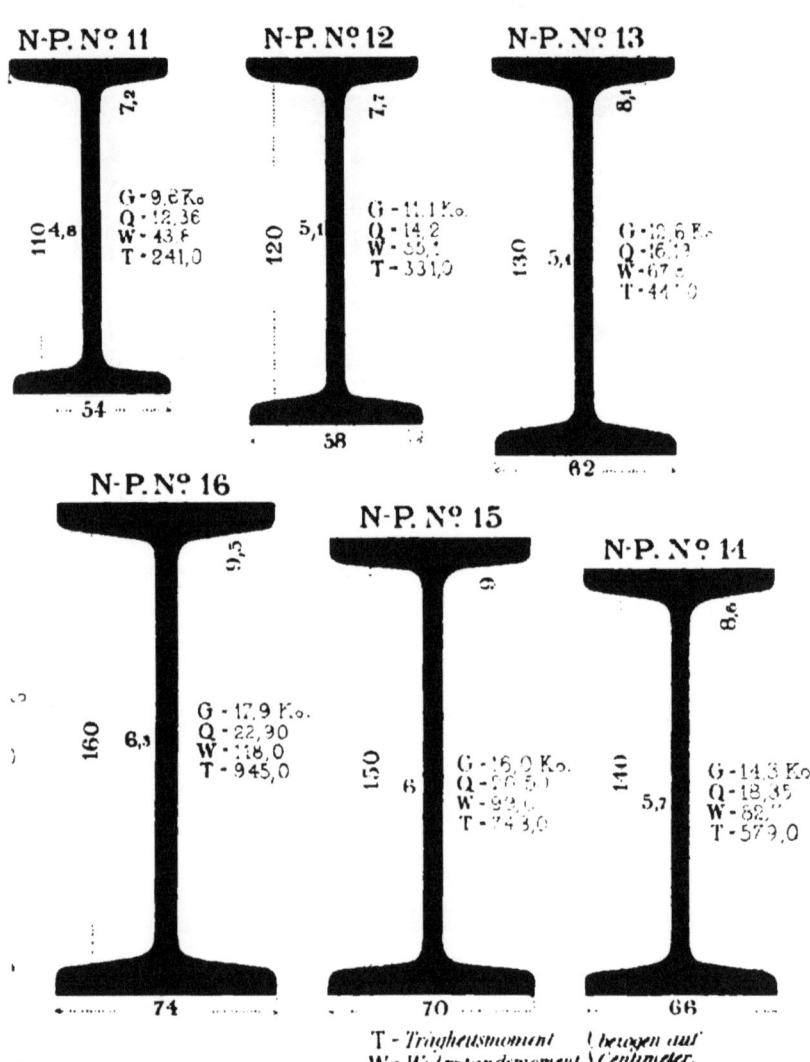

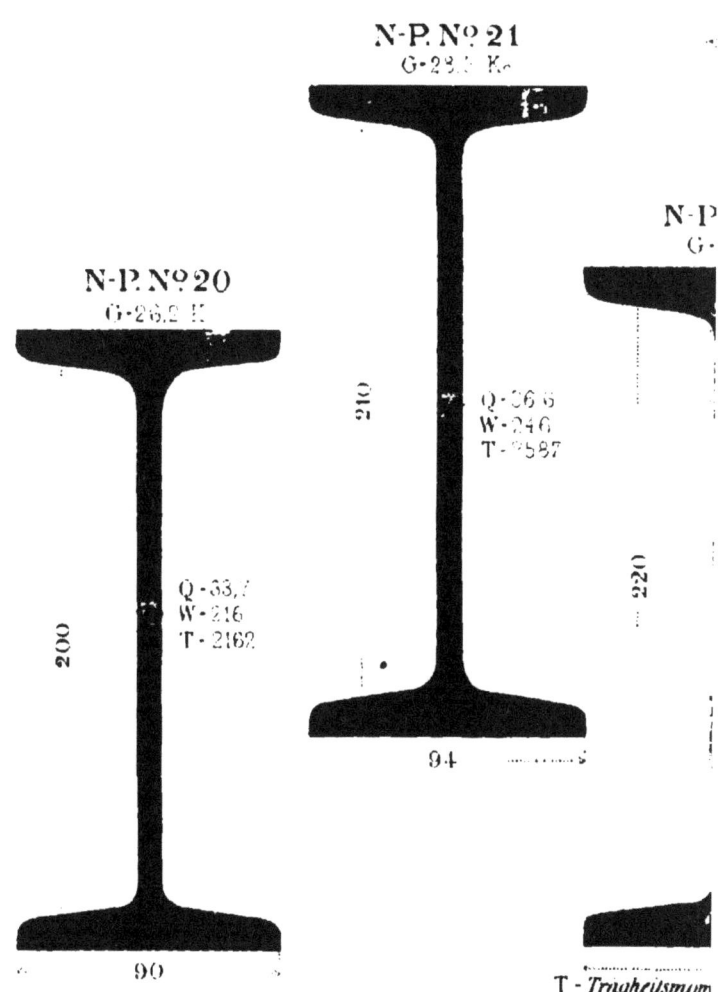

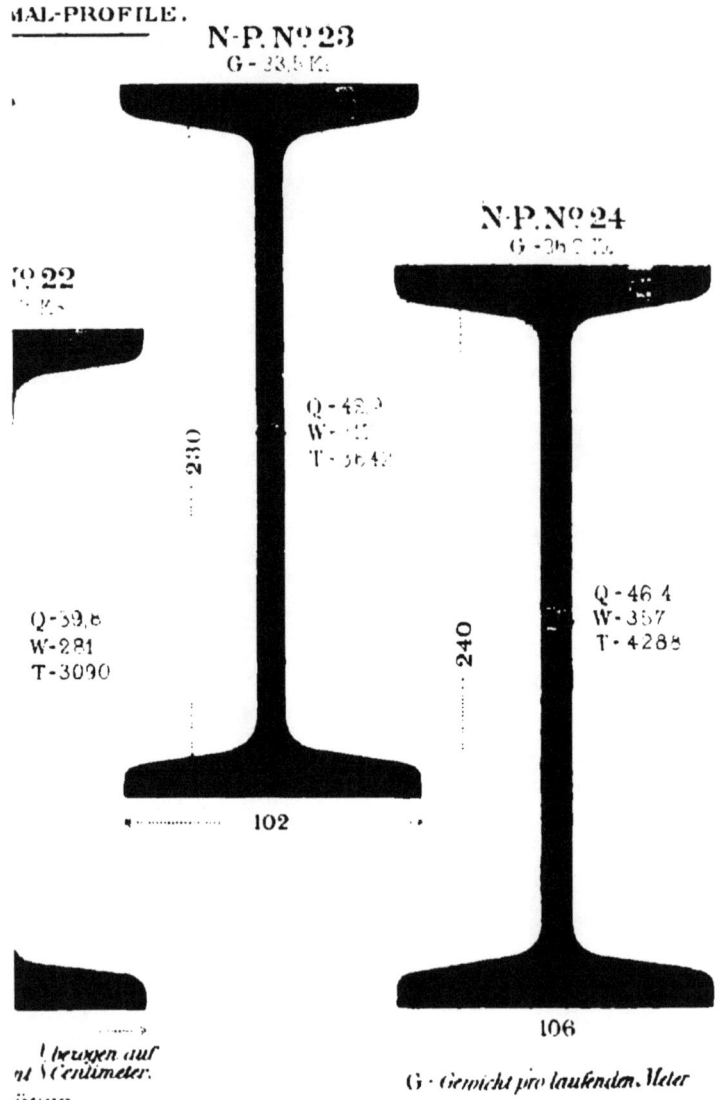

Blatt VI. # GEBRÜDER STUMM 1893.

NEUNKIRCHER EISENWERK BEI SAARBRÜCKEN

DEUTSCHE NORMAL-PROFILE.

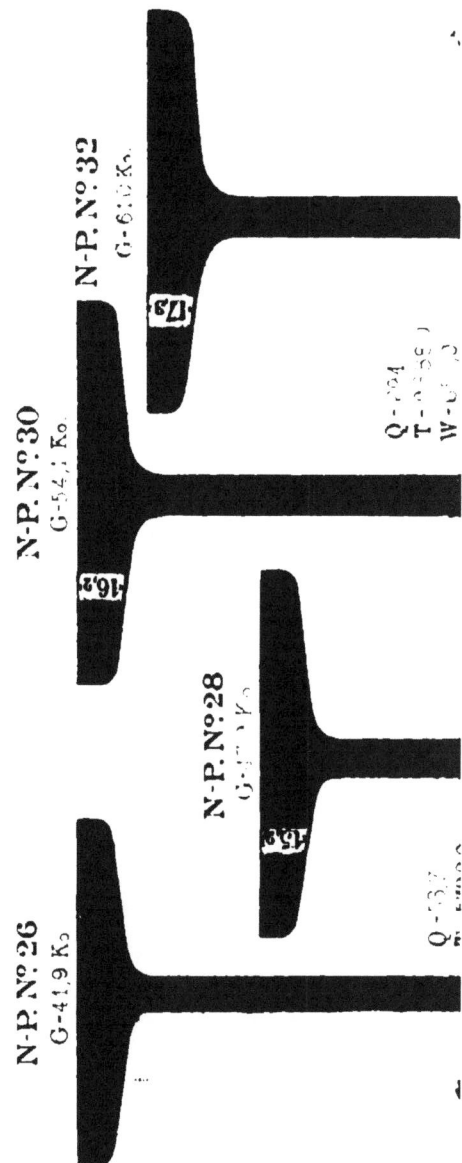

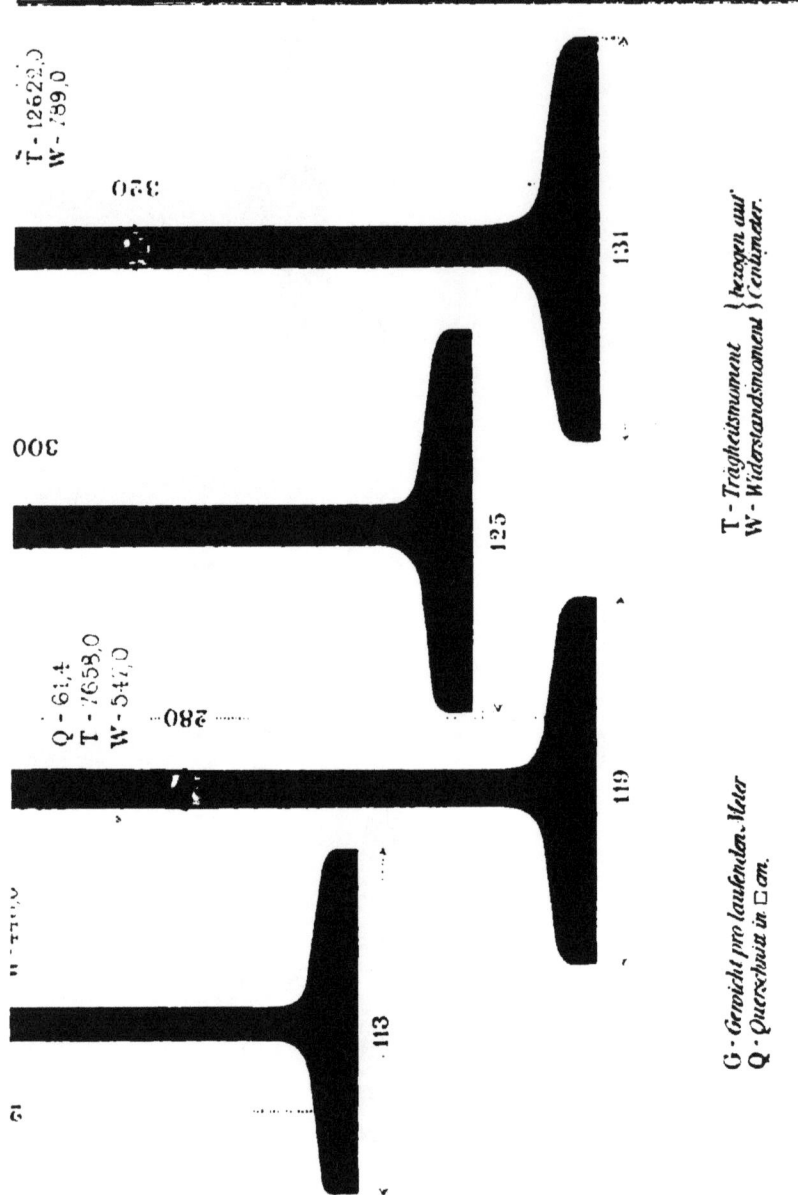

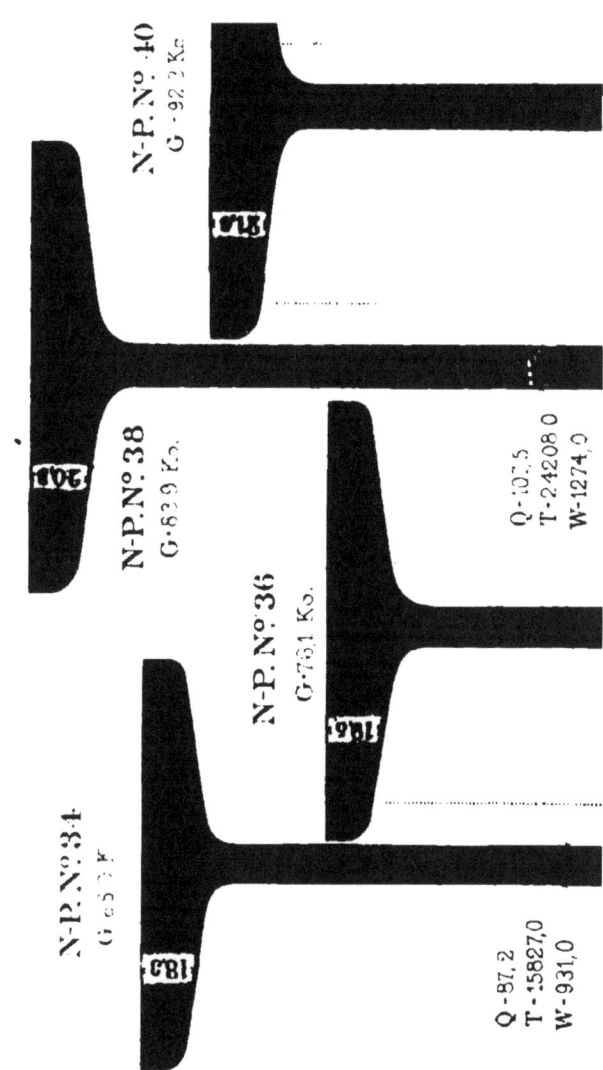

Q - 118,3
T - 29446,0
W - 1472,0

360

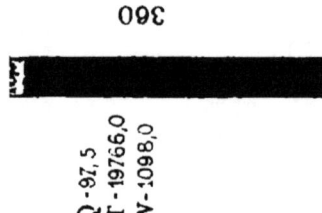

Q - 97,5
T - 19766,0
W - 1098,0

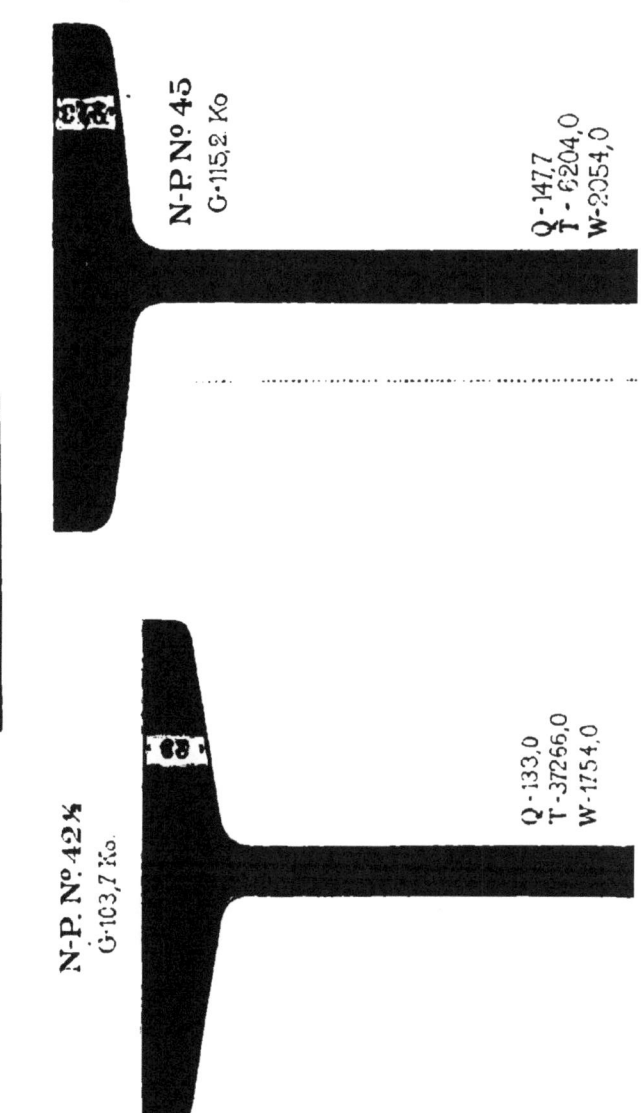

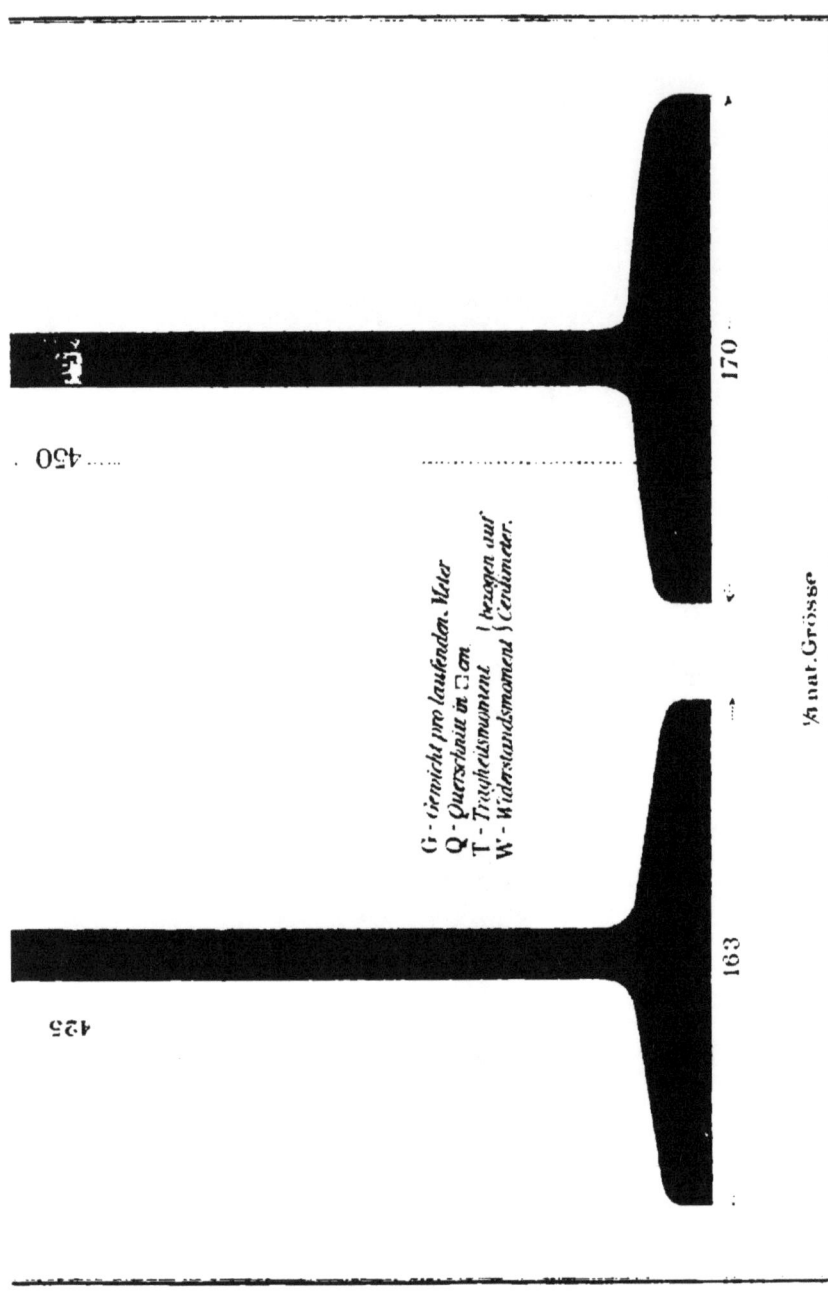

Blatt IX

GEBRÜDER STUMM 1893.
NEUNKIRCHEN EISENWERK BEI SAARBRÜCKEN
DEUTSCHE NORMAL-PROFILE.

N.P. N° 47½
G = 127,6 Kg.

N.P. N° 50
G = 140,5 Kg.

G = Gewicht pro laufenden Meter
Q = Querschnitt in □ cm.
T = Trägheitsmoment   } bezogen auf
W = Widerstandsmoment } Centimeter.

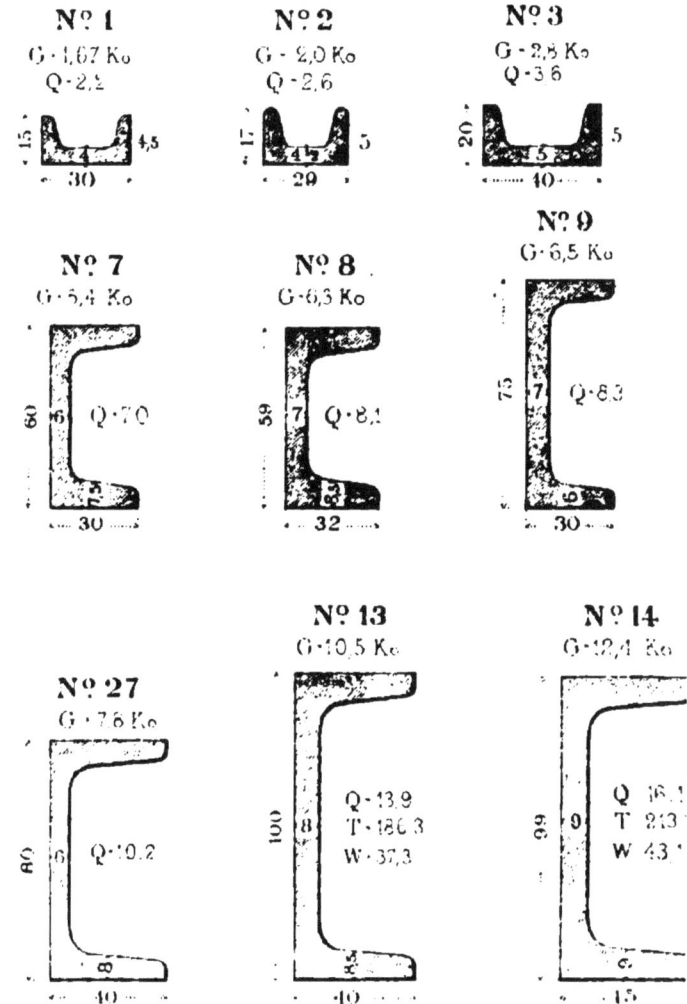

R STUMM 1893.
RK BEI SAARBRÜCKEN

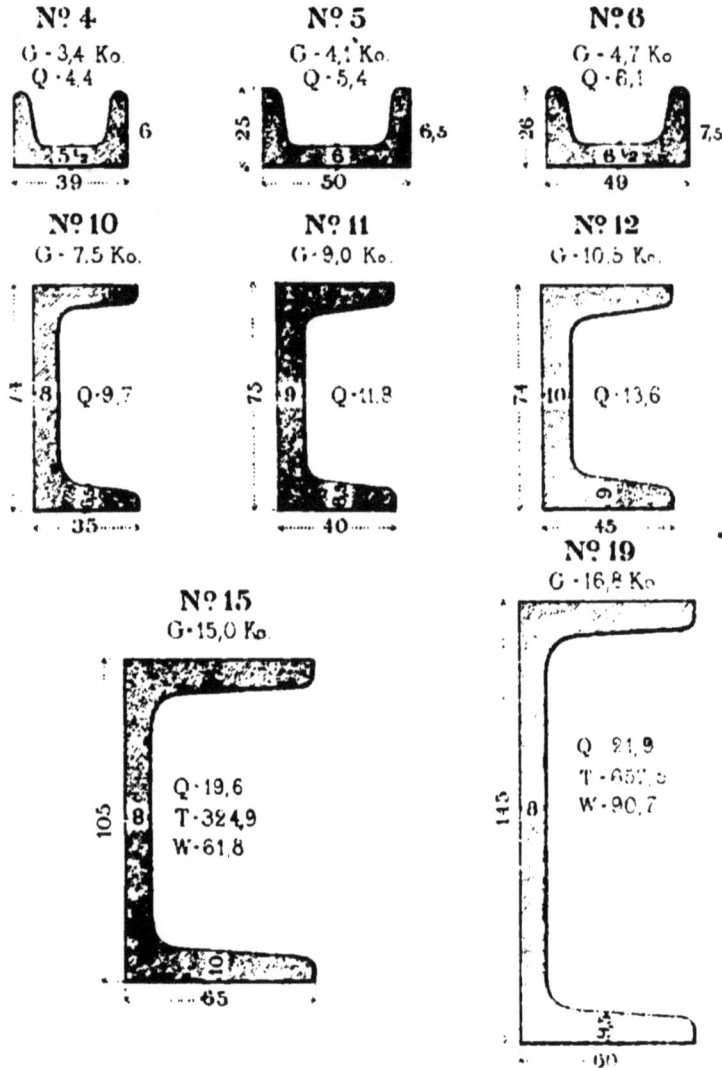

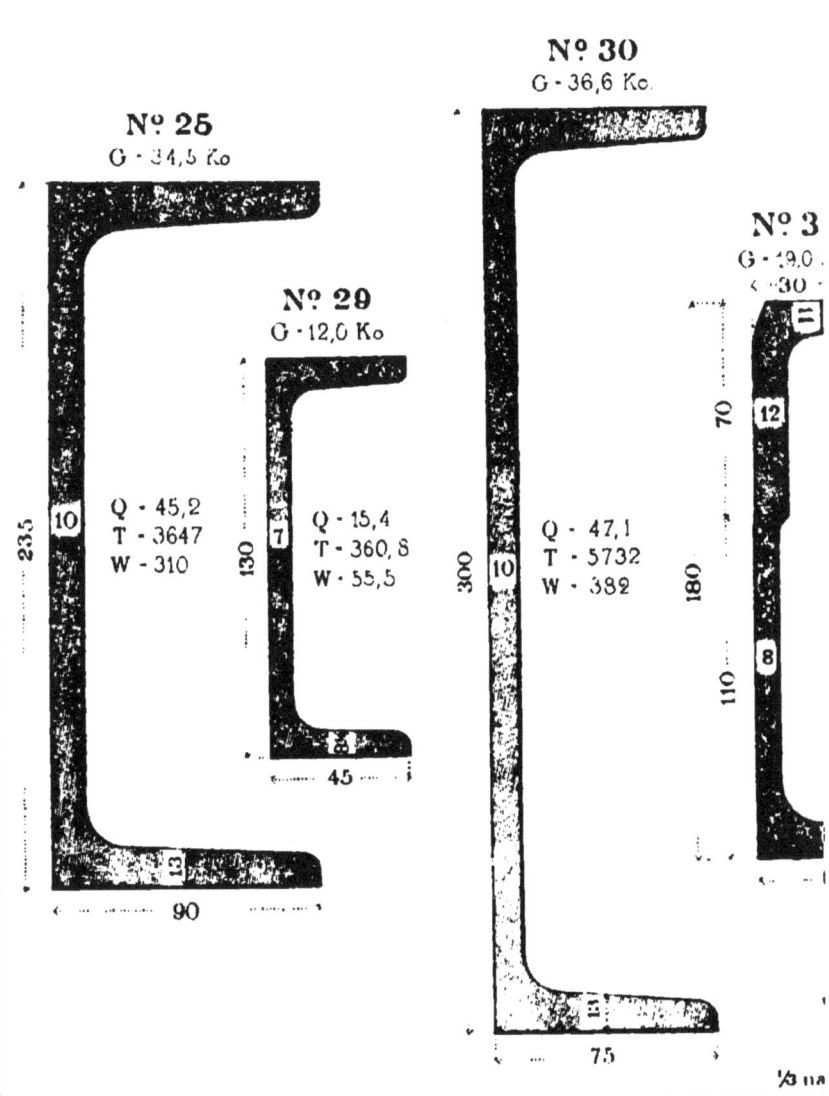

STUMM

BEI SAARBRÜCKEN

1893.

DEUTSCHE NORMAL-PROFILE.

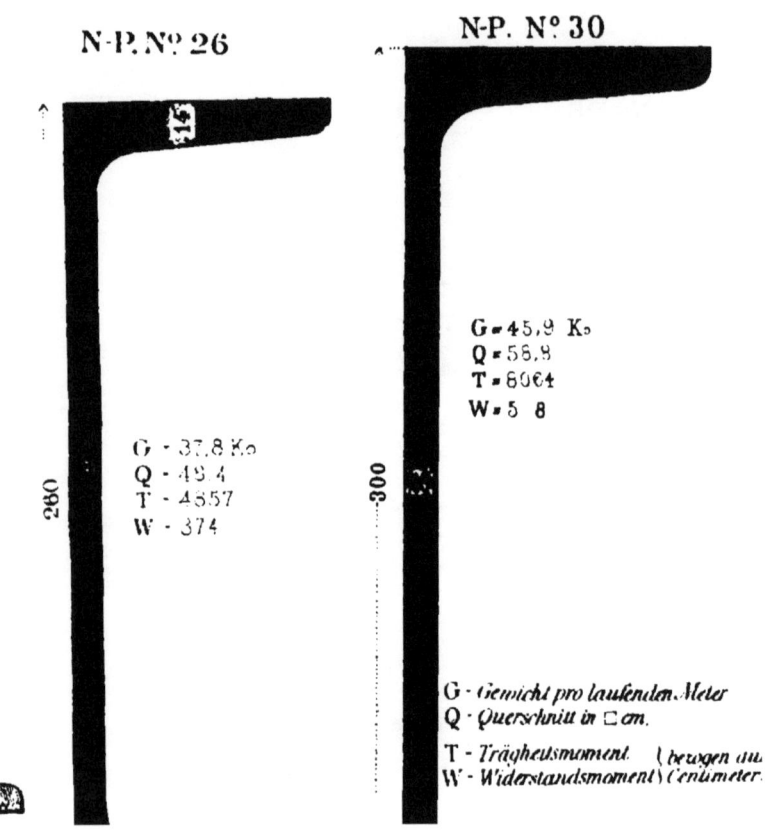

Blatt XI^b

DEUTSCHE NORMAL-PROFILE. NEUNKIRCHER EISENW GEBRÜD

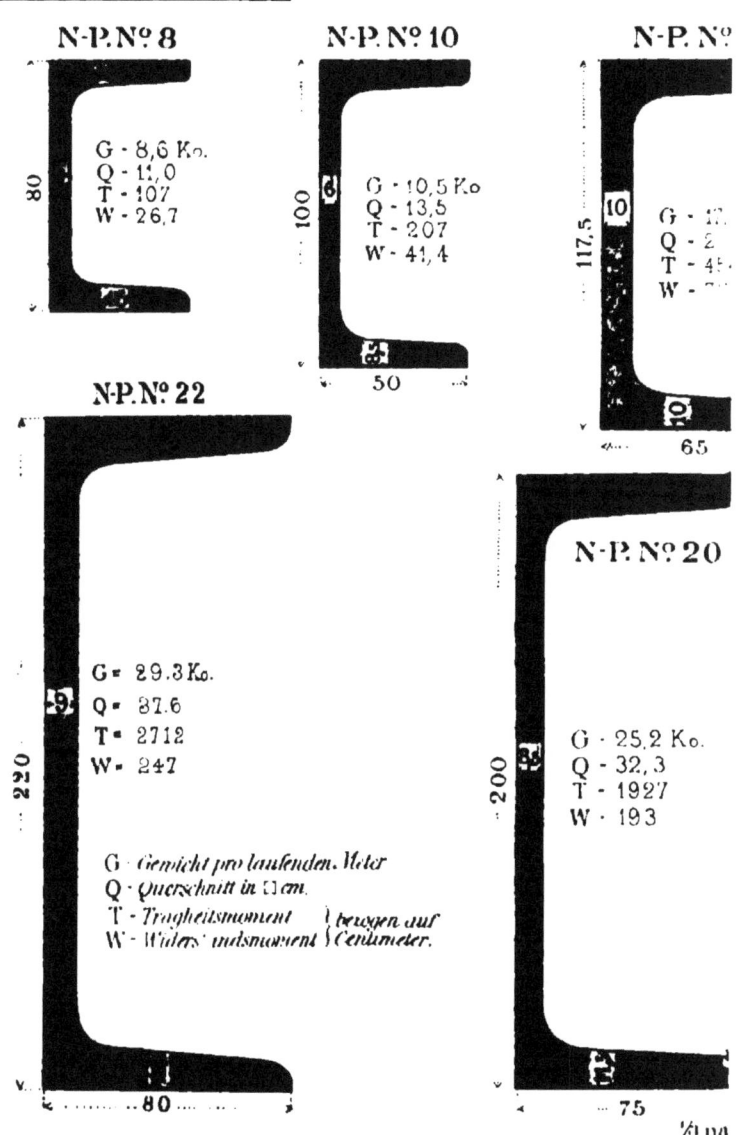

N-P. N° 8
80
G - 8,6 Ko.
Q - 11,0
T - 107
W - 26,7

N-P. N° 10
100
G - 10,5 Ko.
Q - 13,5
T - 207
W - 41,4
50

N-P. N°
117,5
G - ⋯
Q - ⋯
T - 4⋯
W - ⋯
65

N-P. N° 22
220
G = 29,3 Ko.
Q = 37,6
T = 2712
W = 247
80

N-P. N° 20
200
G - 25,2 Ko.
Q - 32,3
T - 1927
W - 193
75

G - Gewicht pro laufenden Meter
Q - Querschnitt in □cm.
T - Trägheitsmoment } bezogen auf
W - Widerstandsmoment } Centimeter.

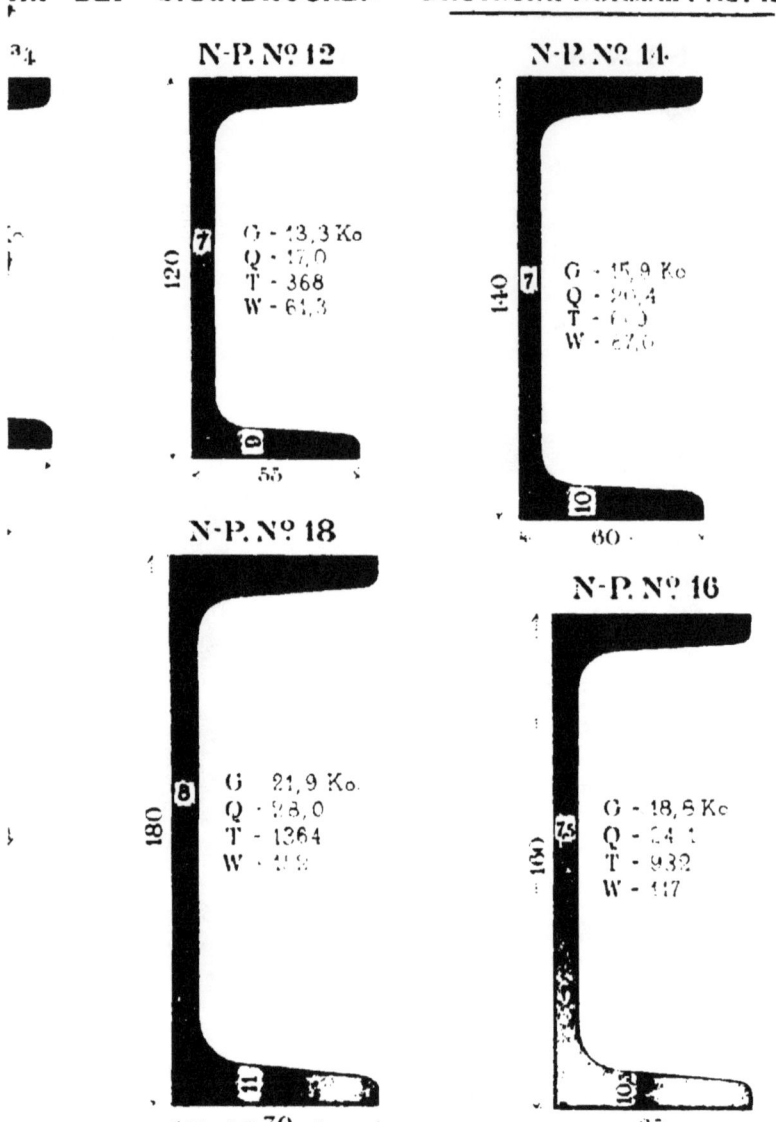

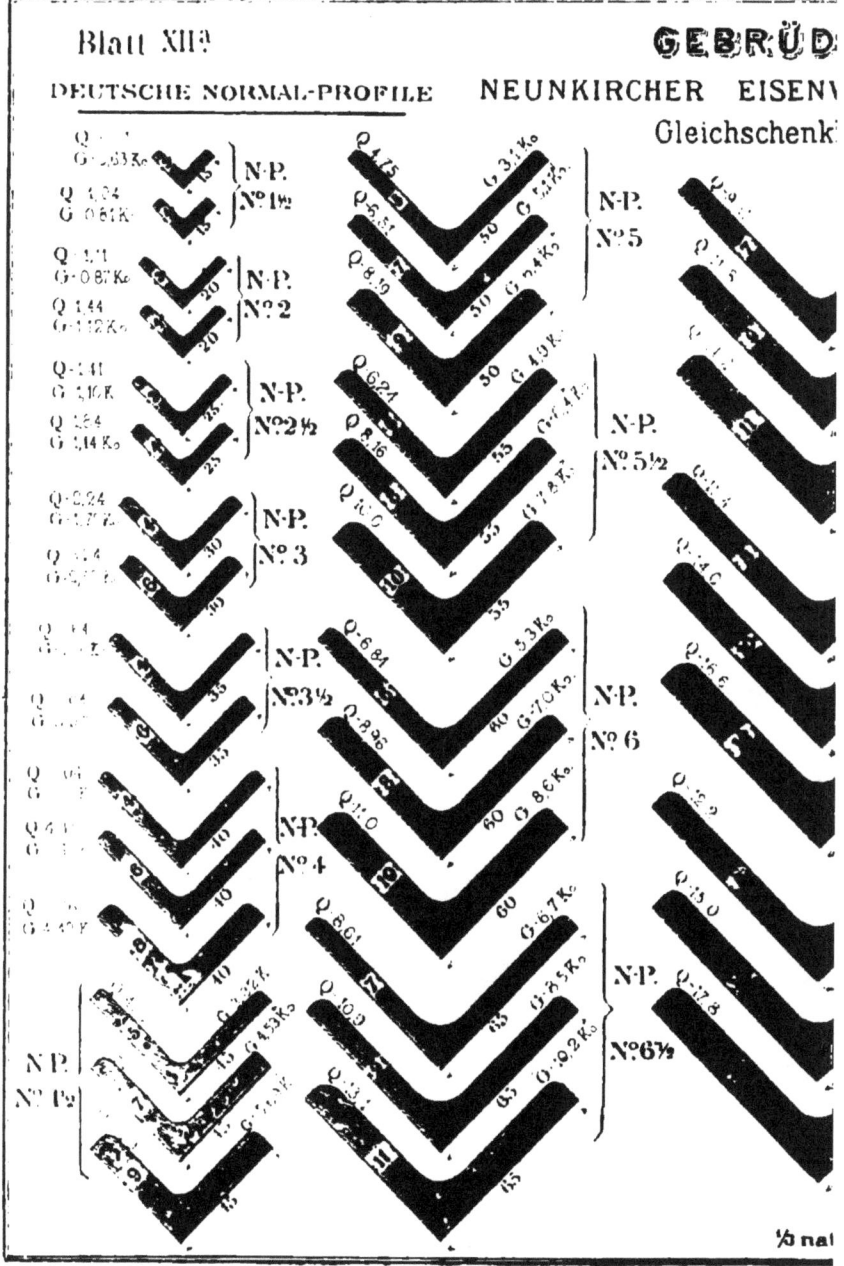

R STUMM 1893

RK BEI SAARBRÜCKEN DEUTSCHE NORMAL-PROFILE.

Winkeleisen

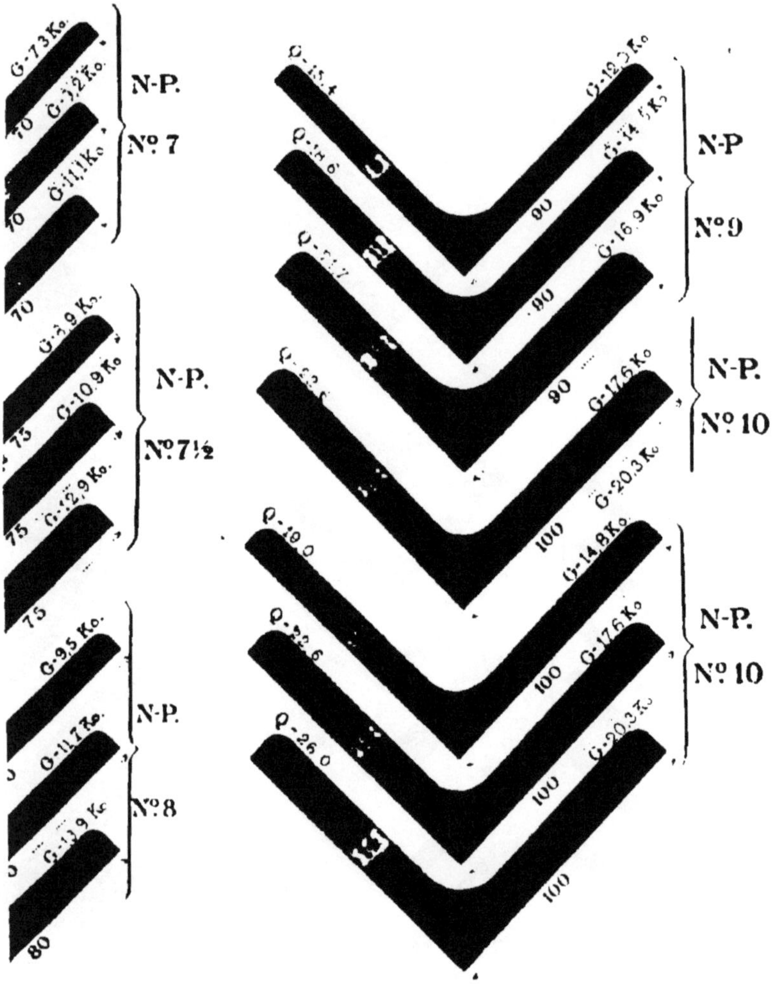

G = Gewicht pro laufenden Meter   Querschnitt in □ cm.

Blatt XII^b

GEBRÜDE
NEUNKIRCHER EISENW
DEUTSCHE NO

N·P. N° 13

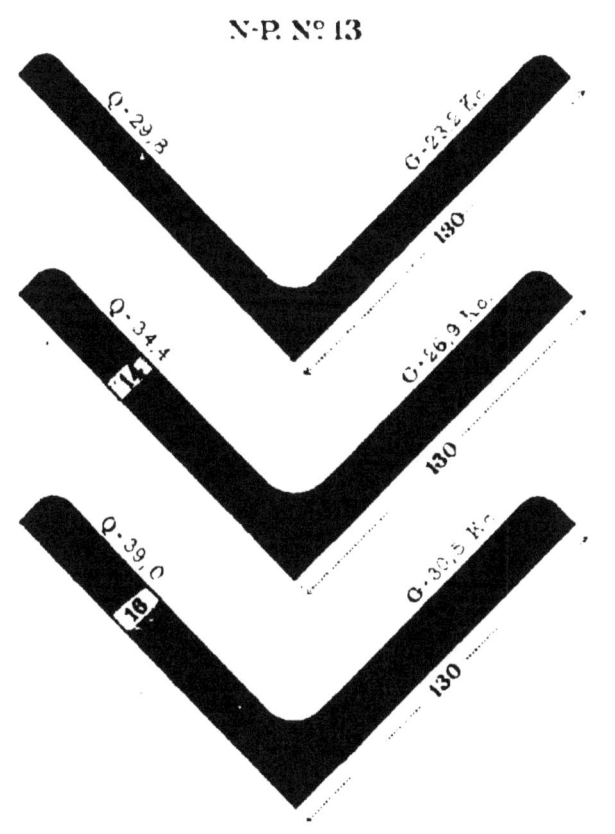

G = Gewicht pro laufendem Meter
Q = Querschnitt in □cm.

R STUMM   1893.
RK BEI SAARBRÜCKEN

MAL-PROFILE.

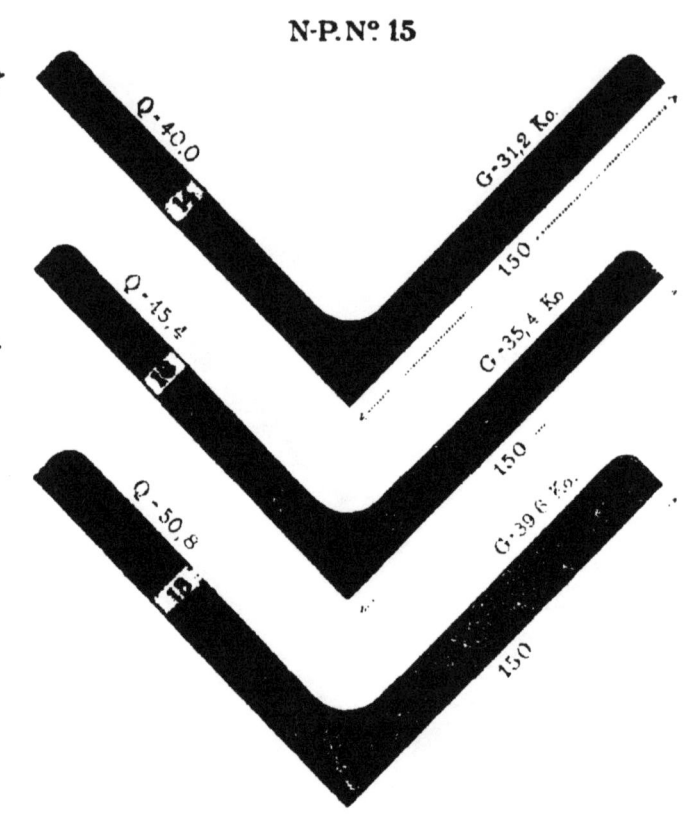

N-P. N° 15

T - *Tragheitsmoment*
W - *Widerstandsmoment*

össe

Blatt XIII.

GEBRÜD

NEUNKIRCHER EISENW

Gleichschenkl

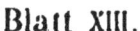

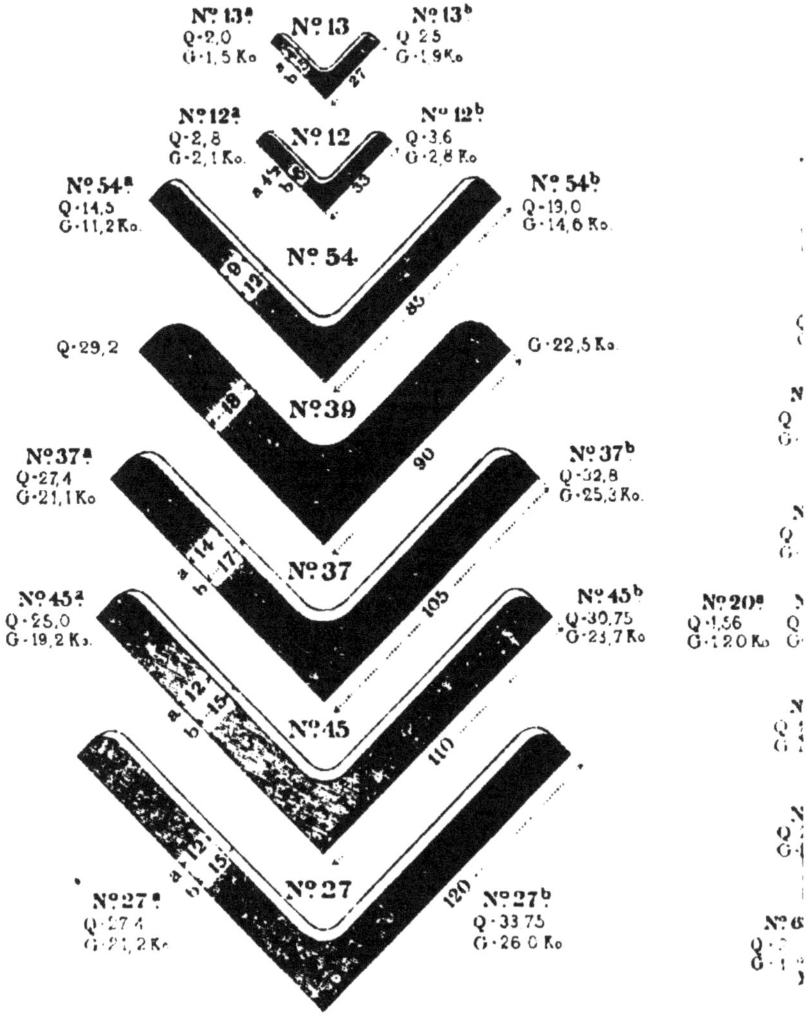

Q - *Querschnitt in □cm*

⅓ nat

R STUMM
?K BEI SAARBRÜCKEN
Winkeleisen

1893.

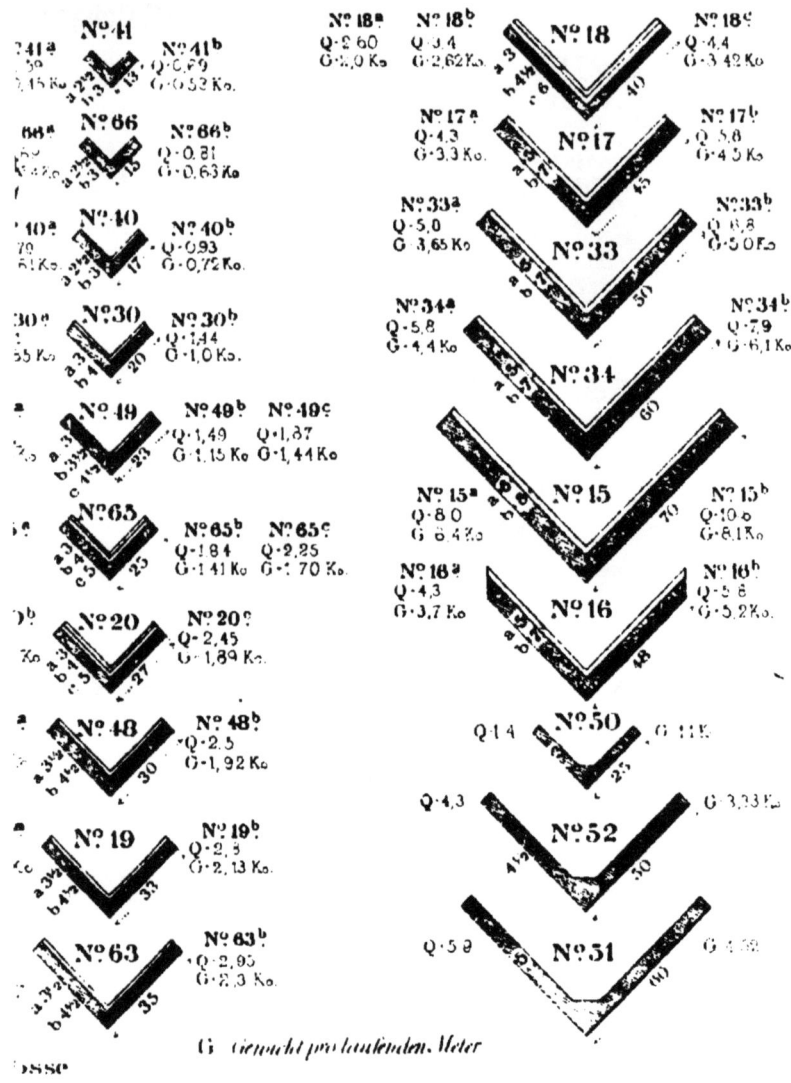

G Gewicht pro laufenden Meter

Blatt XIV.

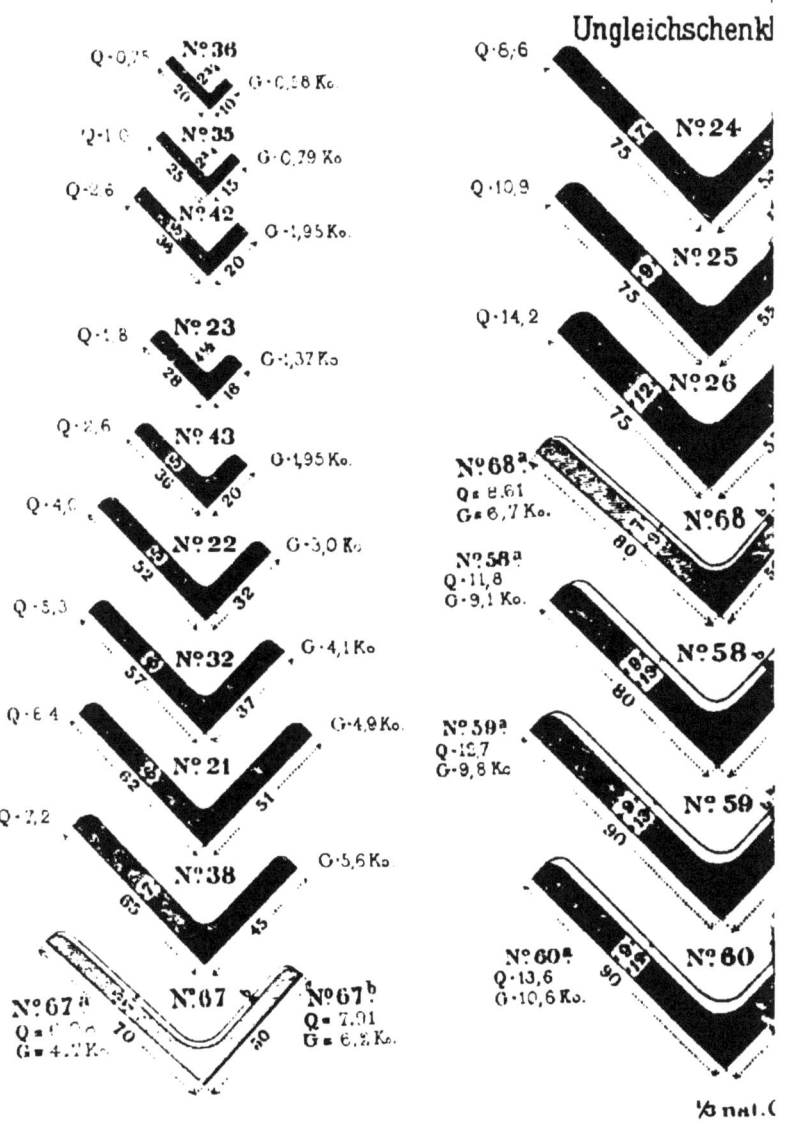

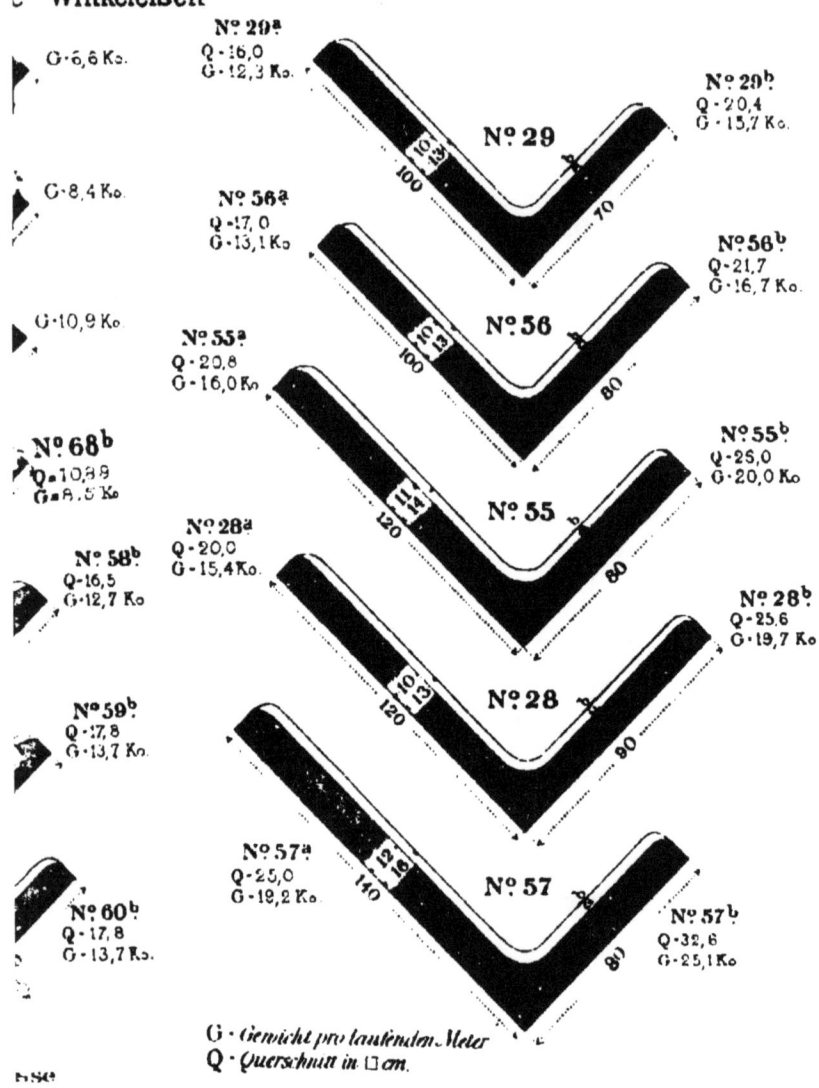

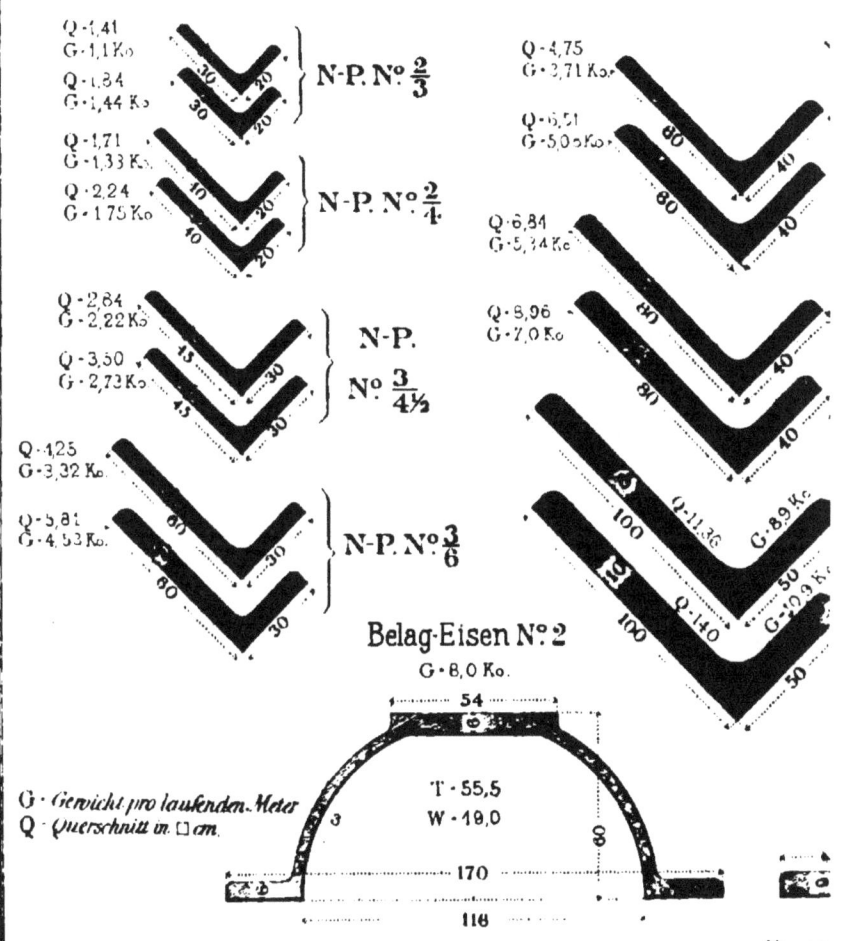

R STUMM
RK BEI SAARBRÜCKEN 1893.

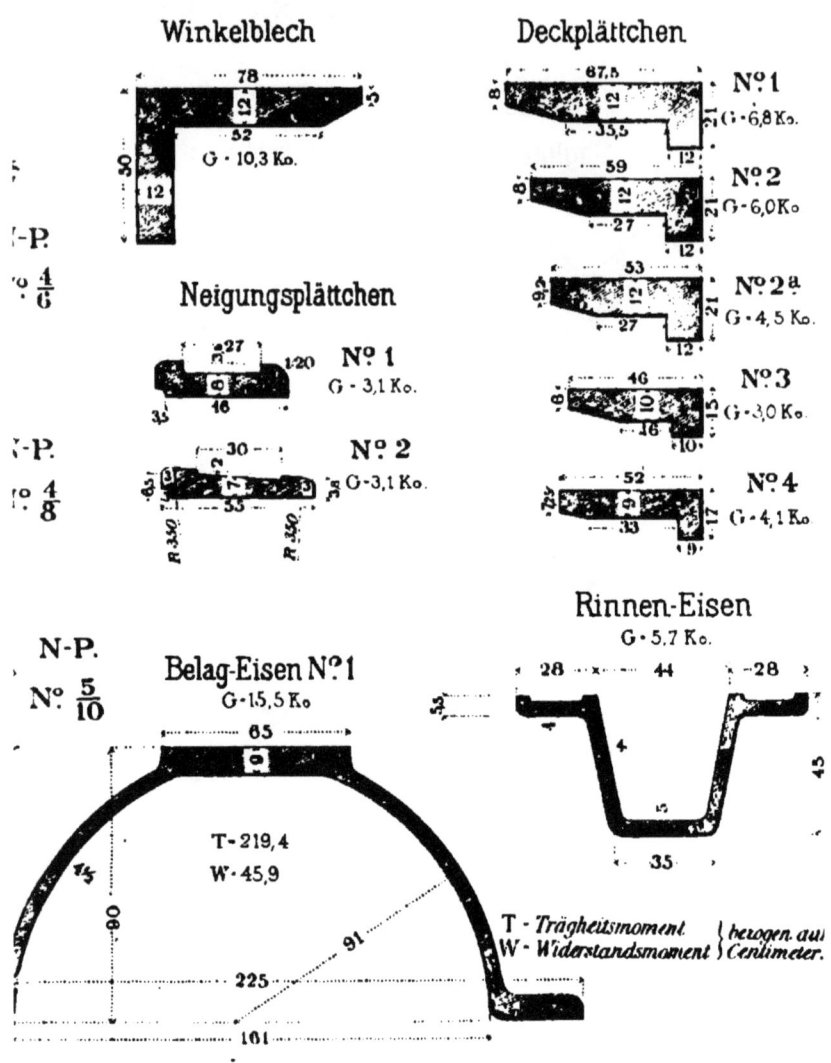

Blatt XVI.

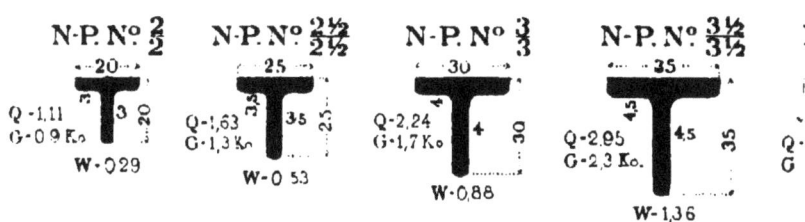

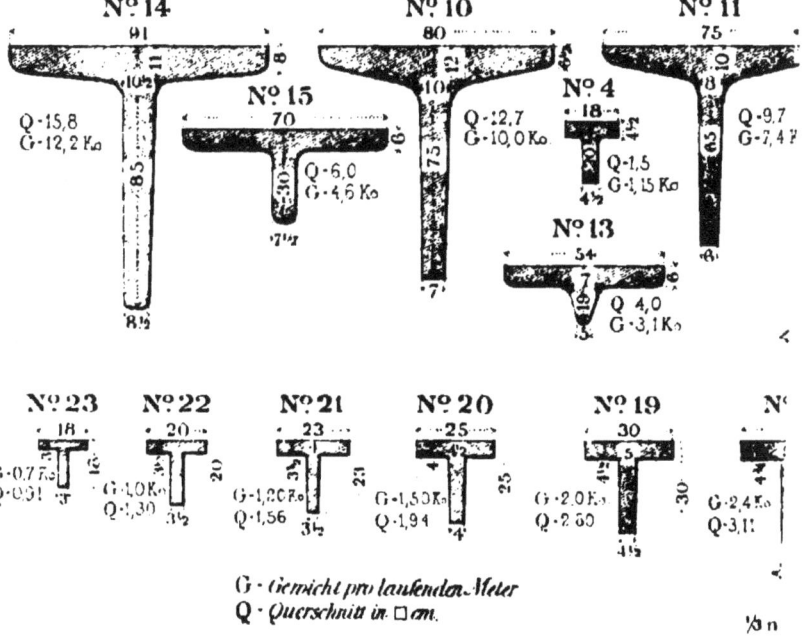

G = Gewicht pro laufenden Meter
Q = Querschnitt in □ cm.

R STUMM
RK BEI SAARBRÜCKEN

1893.

MAL-PROFILE.

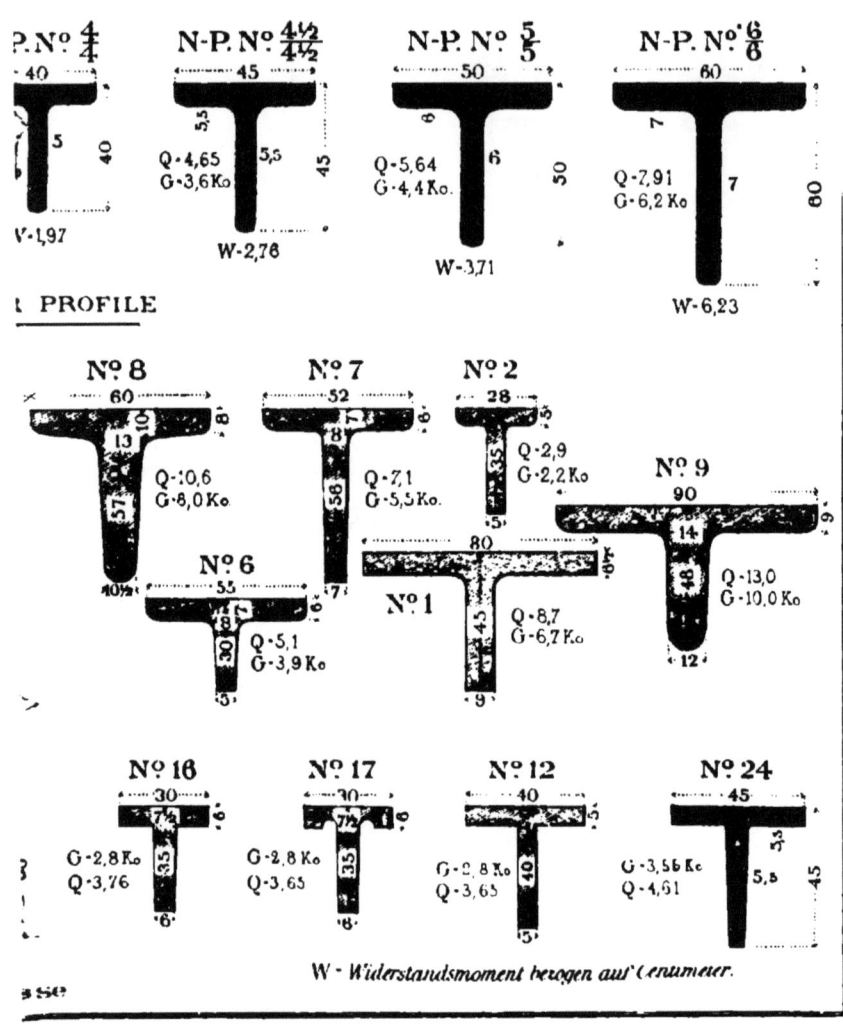

W = Widerstandsmoment bezogen auf Centimeter.

Blatt XVII.

GEBRÜD[ER]

NEUNKIRCHER EISEN[...]

Fens[ter]

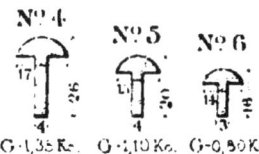

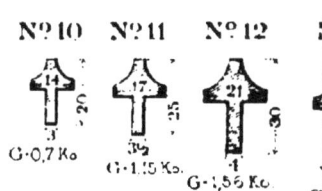

Gitter-Eisen

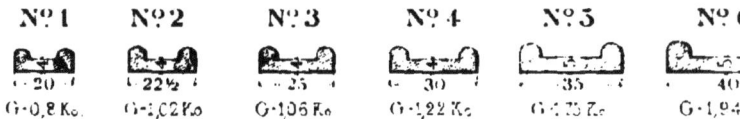

Abgeflachtes Halbrundeisen

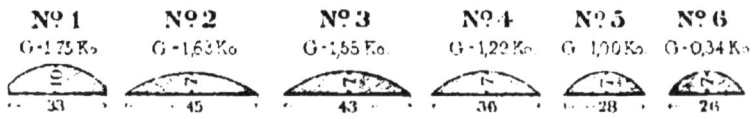

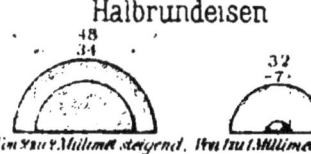
Halbrundeisen

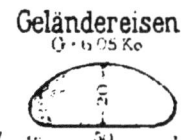
Geländereisen
G=0,95 Ko

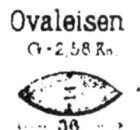
Ovaleisen
G=2,58 Ko

Deckschieneneisen   Karnieseisen   Hohleisen

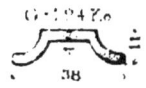
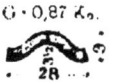
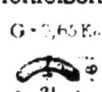

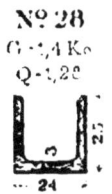
N° 28
G=1,4 Ko
Q=1,2□

⅓ nat

STUMM 1893.
BEI SAARBRÜCKEN

isen

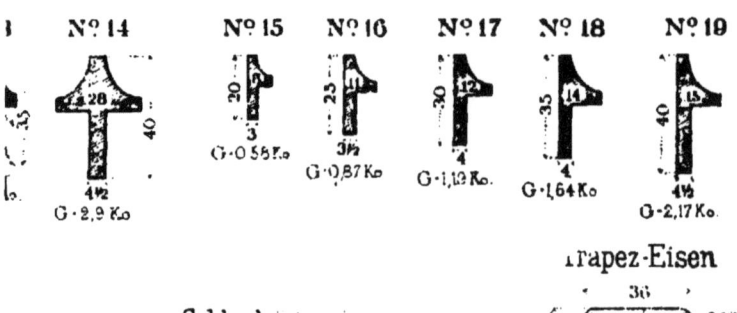

Schlagleisteneisen

Trapez-Eisen

Roststabeisen

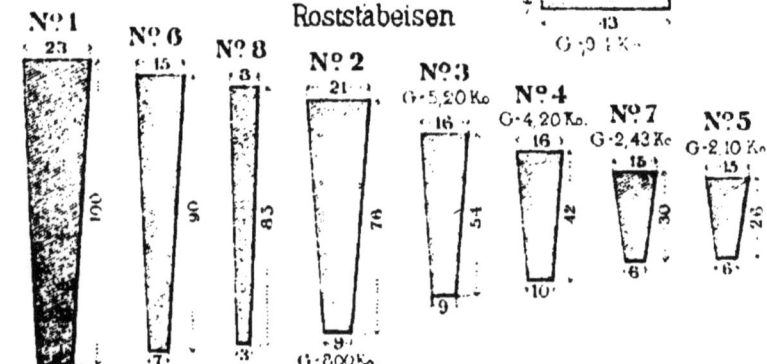

Q - Querschnitt in □ cm.   G - Gewicht pro Meter

Blatt XVIII.

GEBRÜD
NEUNKIRCHER EISEN[

GRUBENSC

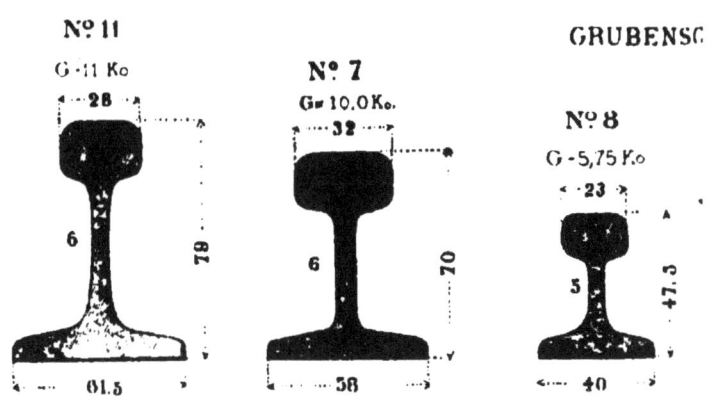

STAHLSC[

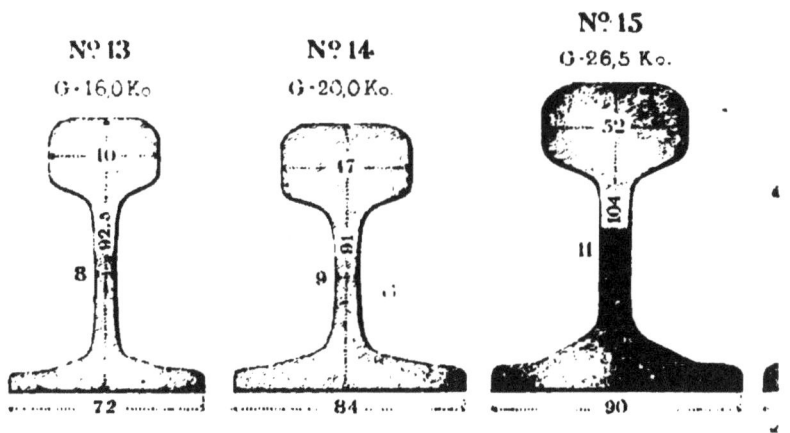

G Gewicht pro laufenden Meter

STUMM 1893.
BEI SAARBRÜCKEN

NEN AUS STAHL.

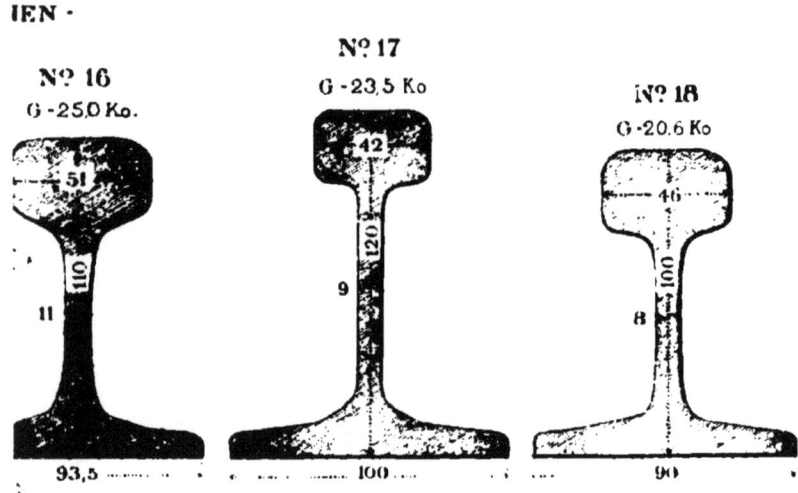

Blatt XIX.

GEBRÜD
NEUNKIRCHER EISEN
· STAH

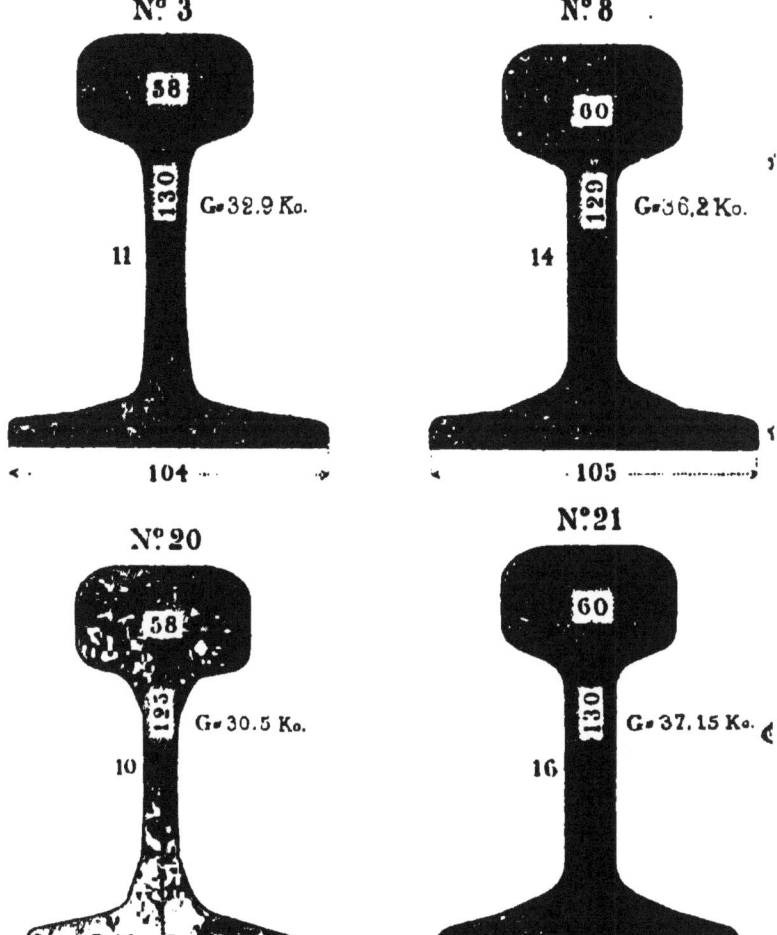

G = Gewicht pro laufenden Meter

R STUMM 1893.
K BEI SAARBRÜCKEN
HIENEN

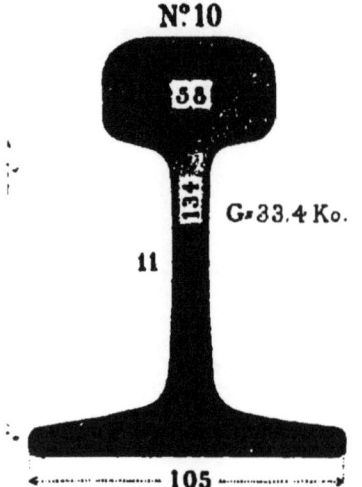

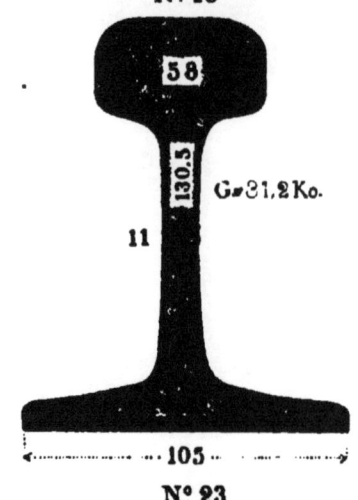

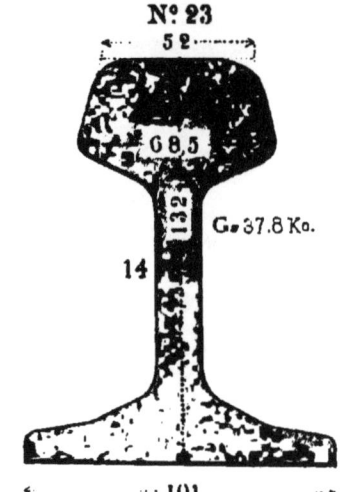

rösse.

Blatt XX.

GEBRÜD
NEUNKIRCHER EISEN
· STAHL

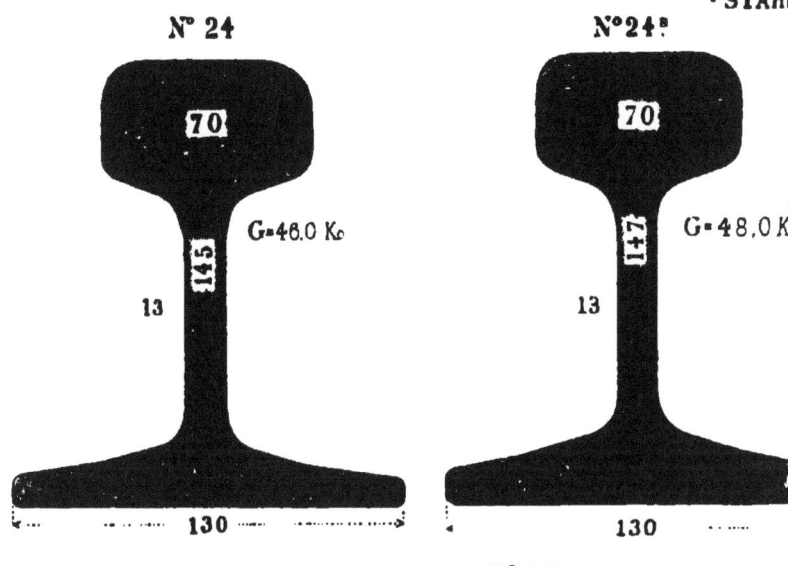

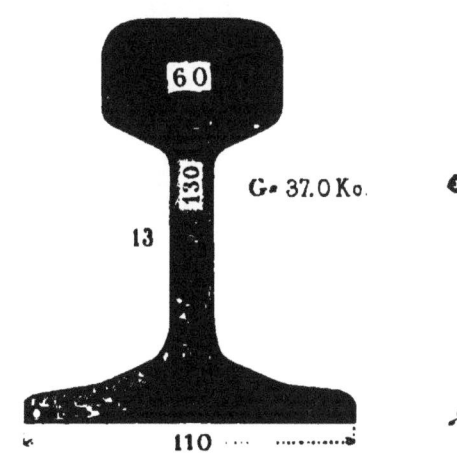

G · Gewicht pro laufenden Meter   ⅓ n

STUMM
BEI SAARBRÜCKEN

NEN

1893.

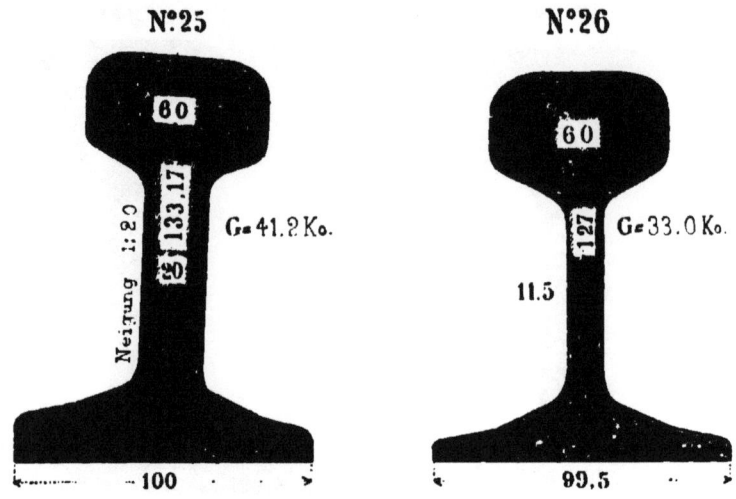

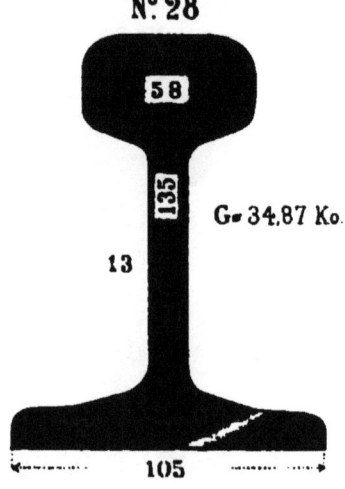

Blatt XXI.

GEBRÜD
NEUNKIRCHER EISEN\
QUERS(

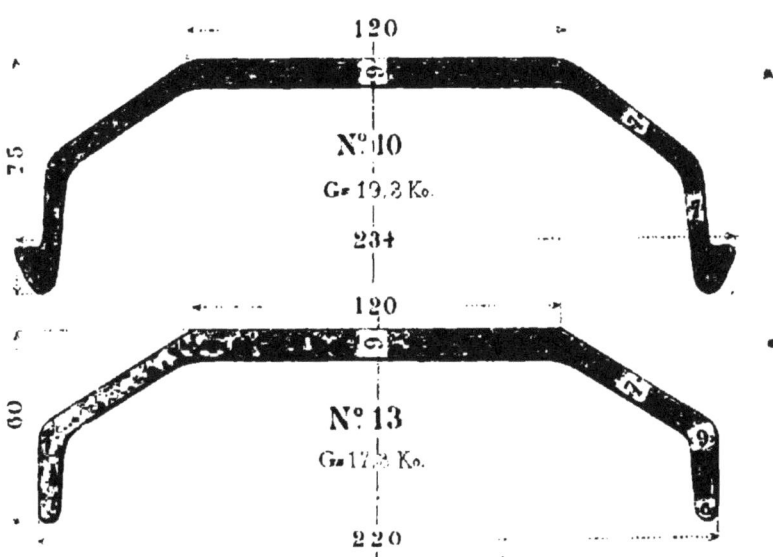

Prof: N°12 ist wie N°13 nur 7,5 u 6,5, statt 9 u 7 m/m dick u. mit G= 16 Ko.

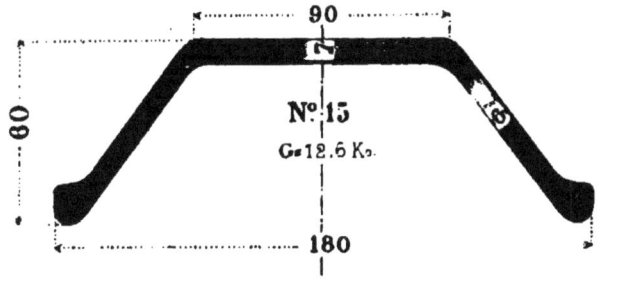

G = Gewicht pro laufenden Meter

& STUMM 1893.
IK BEI SAARBRÜCKEN

/ELLEN

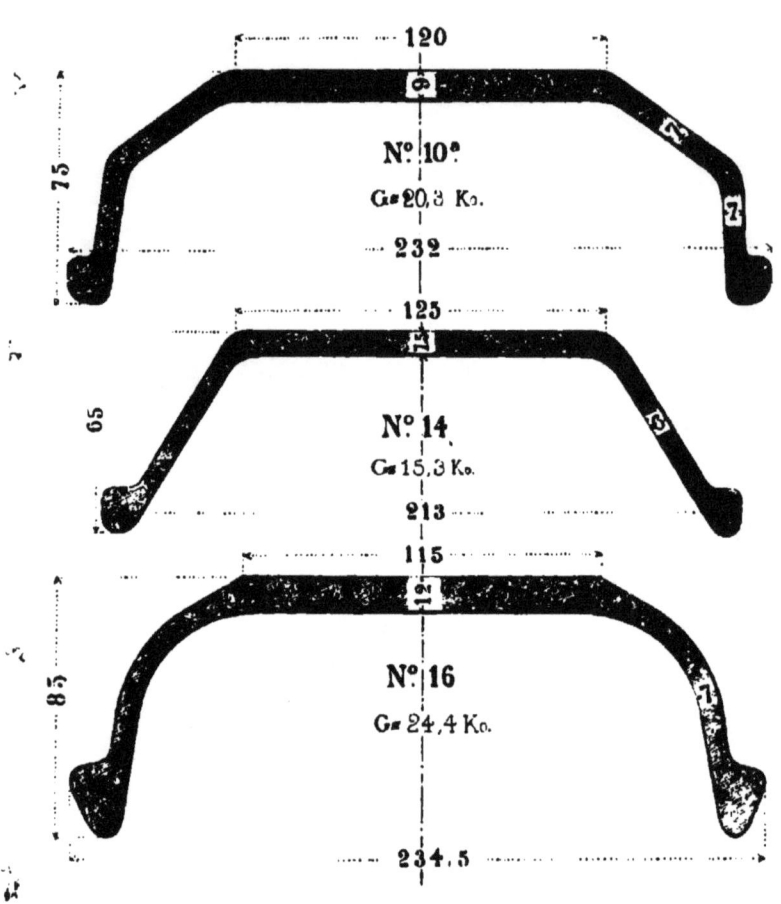

Blatt XXII.

GEBRÜD
NEUNKIRCHER EISEN

QUERS

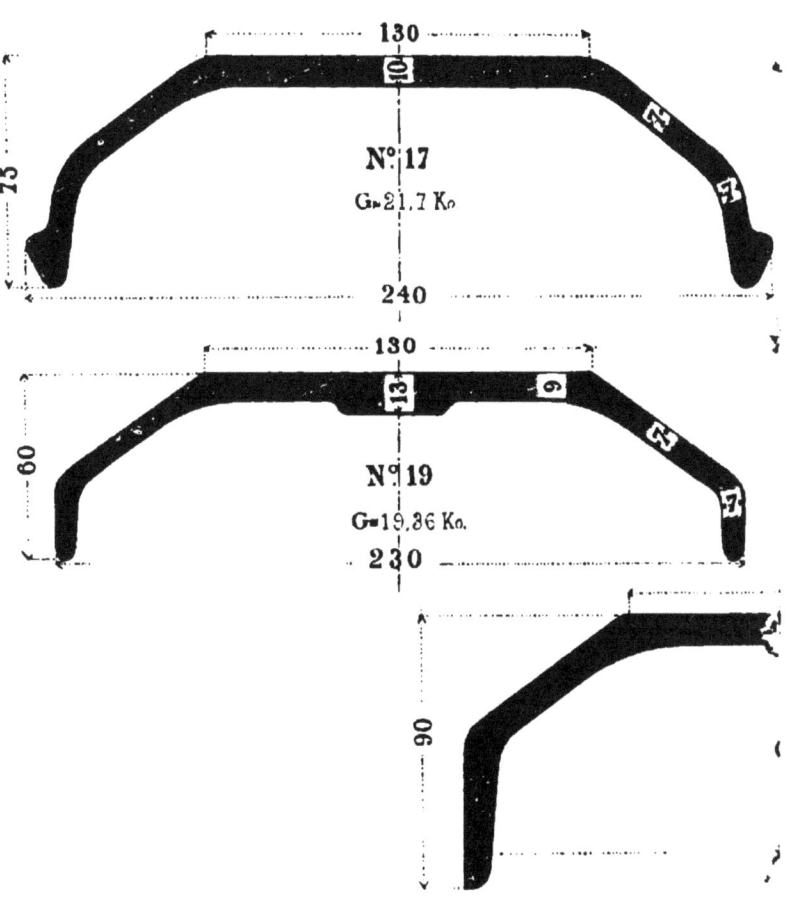

STUMM 1893.
BEI SAARBRÜCKEN.

ELLEN

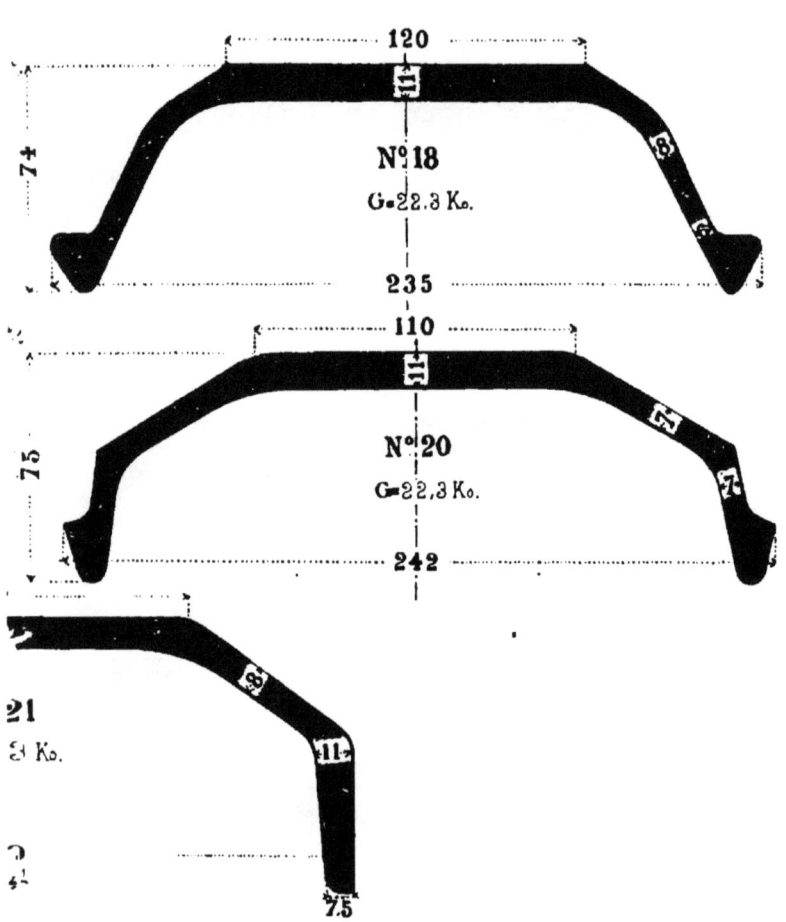

össe.